Angst überwinden, Nähe erleben

Springer Nature More Media App

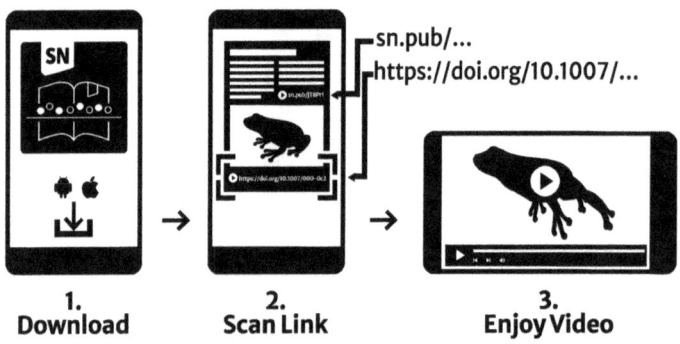

Support: customerservice@springernature.com

Annelen Collatz • Elisabeth Weinrich

Angst überwinden, Nähe erleben

Wie wir uns besser verstehen und unsere Beziehungen gestalten

Annelen Collatz
Essen, Deutschland

Elisabeth Weinrich
Brilon, Deutschland

Die Online-Version des Buches enthält digitales Zusatzmaterial, das berechtigten Nutzern durch Anklicken der mit einem „Playbutton" versehenen Abbildungen zur Verfügung steht. Alternativ kann dieses Zusatzmaterial von Lesern des gedruckten Buches mittels der kostenlosen Springer Nature „More Media" App angesehen werden. Die App ist in den relevanten App-Stores erhältlich und ermöglicht es, das entsprechend gekennzeichnete Zusatzmaterial mit einem mobilen Endgerät zu öffnen.

ISBN 978-3-662-71338-9   ISBN 978-3-662-71339-6 (eBook)
https://doi.org/10.1007/978-3-662-71339-6

Die Deutsche Nationalbibliothek verzeichnet diese Publikation in der Deutschen Nationalbibliografie; detaillierte bibliografische Daten sind im Internet über https://portal.dnb.de abrufbar.

© Der/die Herausgeber bzw. der/die Autor(en), exklusiv lizenziert an Springer-Verlag GmbH, DE, ein Teil von Springer Nature 2025

Das Werk einschließlich aller seiner Teile ist urheberrechtlich geschützt. Jede Verwertung, die nicht ausdrücklich vom Urheberrechtsgesetz zugelassen ist, bedarf der vorherigen Zustimmung des Verlags. Das gilt insbesondere für Vervielfältigungen, Bearbeitungen, Übersetzungen, Mikroverfilmungen und die Einspeicherung und Verarbeitung in elektronischen Systemen.
Die Wiedergabe von allgemein beschreibenden Bezeichnungen, Marken, Unternehmensnamen etc. in diesem Werk bedeutet nicht, dass diese frei durch jede Person benutzt werden dürfen. Die Berechtigung zur Benutzung unterliegt, auch ohne gesonderten Hinweis hierzu, den Regeln des Markenrechts. Die Rechte des/der jeweiligen Zeicheninhaber*in sind zu beachten.
Der Verlag, die Autor*innen und die Herausgeber*innen gehen davon aus, dass die Angaben und Informationen in diesem Werk zum Zeitpunkt der Veröffentlichung vollständig und korrekt sind. Weder der Verlag noch die Autor*innen oder die Herausgeber*innen übernehmen, ausdrücklich oder implizit, Gewähr für den Inhalt des Werkes, etwaige Fehler oder Äußerungen. Der Verlag bleibt im Hinblick auf geografische Zuordnungen und Gebietsbezeichnungen in veröffentlichten Karten und Institutionsadressen neutral.

© by-studio / stock.adobe.com

Planung/Lektorat: Monika Radecki
Springer ist ein Imprint der eingetragenen Gesellschaft Springer-Verlag GmbH, DE und ist ein Teil von Springer Nature.
Die Anschrift der Gesellschaft ist: Heidelberger Platz 3, 14197 Berlin, Germany

Wenn Sie dieses Produkt entsorgen, geben Sie das Papier bitte zum Recycling.

Einführung

„Der Friede sei mit dir" ist ein Gruß, den wir aus der Bibel kennen und der heute häufig als Segensspruch und Ausdruck des Friedens und Wohlwollens genutzt wird.

Fragt man einen Menschen, wonach er sich sehnt, so wird fast immer Frieden angegeben: in Frieden mit sich sein, mit den anderen, Frieden in der Welt. Jeder strebt nach Frieden und Liebe, Harmonie, Freude, Gesundheit, Verbundenheit. Schauen wir allerdings in unsere Welt, so herrscht vielerorts Streit, Ausbeutung, Zerstörung, Kriege im Kleinen wie im Großen. Wie kann das sein, dass Wunsch und Wirklichkeit so weit auseinanderklaffen?

In diesem Buch wollen wir Sie auf eine Reise hin zu sich selbst mitnehmen, hinein in Ihre Innenwelt, dahin, wo die vielen spannenden Prozesse ablaufen, die zu einem großen Teil unser Leben bestimmen. In unserem Innern können wir Prozesse so beeinflussen, dass jeder mehr und mehr in Frieden mit sich und seinem Gegenüber leben kann. Wir können nicht direkt und unmittelbar die Katastrophen in der Welt beeinflussen. Aber wenn es darum geht, unseren eigenen Zustand zu ändern, so haben wir viel mehr Macht als wir glauben. Wir sind in der Lage, oftmals auch sehr schnell, aus einem inneren unangenehmen, angespannten, unzufriedenen Zustand herauszufinden. Dazu ist es notwendig, sich die eigenen inneren Prozesse bewusst zu machen. Wenn von inneren Prozessen die Rede ist, so sind damit unsere Gedanken und Gefühle gemeint. Wie unsere Gedanken unsere Gefühle bestimmen und welche Auswirkungen Gefühle von Angst, Unruhe, Unsicherheit, Bedrohung auf unseren Körper, auf unser Denken und Verhalten haben, wird in diesem Buch anschaulich und praxisorientiert dargestellt. Dazu fokussieren wir uns auf kommunikative Situationen. Wir zeigen, wie Kommunikationsprobleme entstehen und wie diese Störungen behoben werden können. Störungen im Miteinander treten immer wieder auf, sind auch nicht zu vermeiden. Wir können allerdings sehr viel dazu beitragen, diese Störungen schnell zu beheben, um die Entstehung von größerem Schaden zu verhindern. Gelingt es uns im Alltag, Kommunikationsprobleme schnell zu erkennen und abzustellen, so können wir viel Entlastung und Frieden bewirken. Wir erreichen damit in uns selbst und in unserem Miteinander mehr und mehr einen friedvollen Zustand. Wir sind mit uns selbst gut verbunden, sind gelassen, entspannt, selbstsicher und erleben ein Gefühl von Macht und Selbstbestimmung. Auch im Miteinander wird mehr und mehr ein liebevolles Verbunden-Sein, Nähe, Unterstützung und Wertschätzung gelebt. Damit bringen wir Frieden in die Welt.

Es geht also insgesamt nicht darum, das Außen zu verändern. Wir werden keine Ratschläge liefern, wie die Außenwelt, mein Gegenüber verändert werden kann. Es geht darum, wie man sich selbst verändern kann, um Muster und sich stets wiederholende Kreisläufe zu stoppen und aufzulösen. „Sei du selbst die Veränderung, die du dir für die Welt wünschst" (Gandhi). Eine Atmosphäre des Interesses, der Neugier, den anderen wirklich verstehen zu wollen, ist die Grundlage für Verständigung. Wir zeigen, wie diese Atmosphäre geschaffen werden kann. Dabei geht es um das Erkennen des eigenen Anteils an der gelingenden Kommunikation. Was kann ICH zum erfolgreichen Austausch beitragen? Das Prinzip Selbst-Verantwortung steht im Vordergrund. Wer bereit ist, auf seinen eigenen Anteil zu schauen, hat die Macht und die Möglichkeiten, schöpferisch tätig zu sein, seine Kommunikation liebevoll zu gestalten, sein Leben in die Hand zu nehmen und einen Beitrag dazu zu leisten, die Welt in eine bessere zu verwandeln.

In Kap. 1 wird dargestellt, wie unsere Gedanken zu unseren Gefühlen und damit zu bestimmten Verhaltensweisen führen. Ist unser Ziel, sich in Gesprächssituationen anders zu verhalten, z. B. weniger Vorwürfe zu machen, besser zuhören zu können, die Sicht des Gegenübers zunächst einmal zu verstehen, bevor man reagiert, den anderen wertzuschätzen, so kommt man nicht umhin, sich seine Gedanken und Gefühle in der Situation bewusst zu machen und gegebenenfalls zu verändern. Da unsere bewussten und unbewussten Gedanken so eine zentrale Bedeutung für unsere Gefühle und Verhaltensweisen spielen, erklären wir die Entstehung von Gedanken und Gefühlen, deren Wechselwirkungen und die Auswirkungen auf die Verhaltensebene recht ausführlich. Angst spielt dabei eine besondere Rolle. Wir zeigen, was Angst im Körper, in den Gedanken und den Emotionen bewirkt, wie sehr wir durch Angst blockiert und eingeschränkt sind und wohin diese Einschränkungen auf der Verhaltensebene führen.

In den Kapiteln 2, 3, 4, 5 und 6 werden Tools beschrieben, die genutzt werden können, um Einfluss zu nehmen auf unsere Gedanken und Gefühle. Sie, liebe Leserin, lieber Leser, können Methoden lernen, die dabei helfen,

Bewertungen und Glaubenssätze in konkreten alltäglichen Situationen immer schneller zu erkennen und entsprechend zu verändern. Damit gelingt es, immer entspannter und ruhiger mit den verschiedensten Herausforderungen im Miteinander umzugehen. Sie holen sich die Kontrolle über sich selbst zurück und können sich immer flexibler auf die unterschiedlichsten Herausforderungen Ihres Lebens einstellen und anpassen.

Im 7. Kapitel stellen wir Ihnen Trance vor. Dabei geht es nicht um Glaubenssätze, die verändert werden sollen. Mit diesem Tool gehen Sie unabhängig von ihren Gedanken in einen gelassenen und entspannten Zustand, um Abstand zu einer Problematik zu bekommen. Damit gelingt es, fast wie von selbst neue Perspektiven zu entwickeln.

In den Kapiteln 8, 9 und 10 bekommen Sie Möglichkeiten an die Hand, wie man auf der Verhaltensebene reagieren kann, wie man eine Verbundenheit formt und über die bewusste Gestaltung der Beziehung und der Kommunikation Störungen im Miteinander beheben und erfolgreiche Gespräche führen kann.

Sie sehen, liebe Leserin und Leser, wir stellen Ihnen ein breites Band an Möglichkeiten und Techniken zur Verfügung, um Veränderungen zu bewirken. Bei der Auswahl haben wir darauf geachtet, dass diese Methoden vielfältig, praxisorientiert und einfach im Alltag anzuwenden sind. Viele praxisorientierte Beispiele, Impulse und Ideen stehen im Vordergrund. Dazu haben wir u. a. zwei Protagonisten ausgewählt. Mithilfe dieser Beispiele werden wir Kommunikationsprobleme und deren Lösungen in den unterschiedlichsten Bereichen aufzeigen. Bei der einen Person handelt es sich um den 40-jährigen Max, verheiratet, 2 Kinder (8 und 10 Jahre alt), in einer mittelständischen Firma in Führungsposition angestellt. Die andere Person ist Lisa, 26 Jahre alt, ledig, lebt allein, beginnt gerade nach ihrem Studium mit ihrer ersten Arbeitsstelle.

Wir bieten Ihnen mit diesem Buch eine Vielfalt an Möglichkeiten und Methoden, die Sie in Ihrem Alltag ausprobieren können. Nutzen Sie dazu auch unsere Podcasts und die Videos, zu denen Sie Zugang über einen QR-Code im Buch finden. Seien Sie einfach neugierig auf die vielen verschiedenen Lösungen, spielen Sie mit Ihnen, experimentieren Sie und seien Sie gespannt, wie viel Neues und Schönes passieren wird.

Es ist uns eine Herzensangelegenheit, Möglichkeiten aufzuzeigen, wie im Alltag in verschiedenen Bereichen und für jedermann Kommunikation gelingen kann. Gelungene Kommunikation bedeutet ein friedvolles Miteinander, mit sich und dem anderen in Frieden sein zu können. In Frieden sein bedeutet ein Ende von Egoismus und Gewalt. Dazu einen kleinen Beitrag zu leisten macht uns zufrieden und glücklich.

Eine kleine Geschichte zum Schluss:

Ein weiser alter Indianer saß mit seinem Enkel am Lagerfeuer.

„In jedem Menschen", begann er, „leben zwei Wölfe. Der eine ist ängstlich, streitsüchtig, neidisch, missgünstig, hasserfüllt und voller Selbstzweifel.

Der andere hingegen ist sanft, mitfühlend, nachsichtig und voller Selbstvertrauen."

Der Enkel schwieg eine Weile, dann fragte er: „Welcher der beiden Wölfe wird den Kampf um das Herz gewinnen?"

Da antwortete sein Großvater: „Es ist der Wolf, den du mit deiner Aufmerksamkeit fütterst. Also überlege immer wieder aufs Neue, für wen du dich entscheidest."

Inhaltsverzeichnis

1 **Emotionen** 1
  1.1 Entstehung von Angst 5
  1.2 Auswirkungen von Glaubenssätzen 8
    1.2.1 Autonomes Nervensystem 9
    1.2.2 Amygdala und Stressachse 12
    1.2.3 Auswirkungen von Angst 14
  1.3 Glaubenssätze 20
  1.4 Take Home Message 26
  Literatur 27

2 **Tools zur Selbstregulation** 29
  2.1 Take Home Message 32

3 **Die vier Aufgaben** 33
  3.1 Anwendungsbeispiel 35
  3.2 Take Home Message 42
  Literatur 43

4 **Ho'oponopono** 45
  4.1 Anwendungsbeispiel 48
  4.2 Take Home Message 56
  Literatur 57

5 Raus aus dem Kampf: ACT — 59
- 5.1 Anwendungsbeispiel — 63
- 5.2 Take Home Message — 64
- Literatur — 65

6 Energetische Psychologie — 67
- 6.1 Anwendungsbeispiel — 76
- 6.2 Take Home Message — 80
- Literatur — 80

7 Trance — 83
- 7.1 Trance zur Tiefenentspannung — 85
- 7.2 Trance mit Metapher — 89
- 7.3 Take Home Message — 92
- Literatur — 93

8 Nutzen von Ritualen für sich selbst, privat und im Job — 95
- 8.1 Anlässe — 97
  - 8.1.1 Kontinuitätsrituale — 98
  - 8.1.2 Übergangsrituale — 98
- 8.2 Gestaltung eines Kontinuitätsrituals — 100
- 8.3 Gestaltung eines Übergangsrituals — 102
- 8.4 Beispiele für Rituale — 105
- 8.5 Take home message — 106
- Literatur — 107

9 Bewusste Gestaltung des Umgangs mit anderen oder Verstehensprozesse — 109
- 9.1 Die drei Ebenen der Kommunikation — 110
- 9.2 Der Beziehungskredit oder das Beziehungskonto — 112

9.3	Komplementäre Beziehungsgestaltung	114
	9.3.1 Motive	114
	9.3.2 Umsetzung und Nutzen der komplementären Beziehungsgestaltung	118
9.4	Take home Message	121
Literatur		122

10 Was Sprache alles bewirken kann — 123
- 10.1 Die Nutzung von Metaphern — 124
- 10.2 Die Macht der positiven Formulierungen — 126
- 10.3 Die Bedeutung von Affirmationen — 128
- 10.4 Die Techniken Paraphrasieren, Explizieren und die Kraft der „Was"-Fragen — 130
- 10.5 Die Sprache der Möglichkeiten – warum wir „müssen" und „versuchen" vermeiden sollten — 132
- 10.6 Die Vermeidung des Wortes „aber" in der Kommunikation — 134
- 10.7 Die Rolle von Schuld, Leid und Verlust in der Kommunikation — 136
  - 10.7.1 Die Bedeutung von Schuld eingestehen — 137
  - 10.7.2 Die Macht der Entschuldigung — 138
  - 10.7.3 Wirkung und Balance — 138
- 10.8 Magische Worte und ihre Wirkung — 139
  - 10.8.1 Erklärung der Methode — 140
- 10.9 Take Home Message — 145
- Literatur — 146

11 Ausblick — 147

Tabellenverzeichnis

Tab. 1.1 Auflistung der Komponenten zur Bildung von Emotionen   4

Tab. 1.2 Darstellung von Transmittern und deren Wirkung   10

Tab. 1.3 Möglichkeiten zur Aktivierung bestimmter Transmitter   11

Tab. 1.4 Auswirkungen von lang anhaltendem Stress   17

Tab. 1.5 Auswirkungen von Akzeptanz und Ablehnung auf die Entstehung von Glaubenssätzen   21

Tab. 1.6 Auswirkungen von Glaubenssätzen auf Verhaltensweisen bei Lob   22

Tab. 1.7 Auswirkungen von Glaubenssätzen auf Verhaltensweisen bei Kritik   24

Tab. 1.8 Auswirkungen von Glaubenssätzen auf die Kommunikation   25

Tab 2.1 Übersicht über Techniken zur Selbstregulation   32

Tab. 6.1	Überblick über relevante Meridian-Endpunkte	69
Tab. 6.2	Wirkprinzipien der Energetischen Psychologie	70
Tab. 8.1	Beispiele für Rituale im beruflichen und privaten Kontext	106
Tab. 9.1	Kommunikationsebenen, Ausdrucksform und bewusste Kontrollierbarkeit	111
Tab. 9.2	Überblick über Motive und die komplementäre Beziehungsgestaltung	119
Tab. 10.1	Kurzdarstellung des Ablaufs	145

1

Emotionen

Warum reagieren wir in identischen Situationen manchmal gelassen und manchmal ängstlich? Dieses Kapitel liefert spannende Einblicke in die Entstehung von Gefühlen und zeigt, wie unsere Gedanken und Glaubenssätze unsere Emotionen beeinflussen. Wer Emotionen verstehen lernt, legt den Grundstein, um Angst bewusst zu begegnen und langfristig zu bewältigen.

Wirft man einen Blick in die Emotionsforschung (Izard 1999; Ekman 2010), so werden Emotionen über die Kulturen hinweg in verschiedenen Kategorien unterteilt und beschrieben: Freude, Liebe, Ekel, Furcht, Verachtung, Traurigkeit, Überraschung, Wut, Zorn, Hass, Vertrauen, Interesse, Leid, Widerwille, Überraschung, Scham- und Schuldgefühl. In älteren Theorien werden Emotionen in Hauptgruppen unterteilt, die da sind: Angst und Verzweiflung, Freude, Trauer, Enttäuschung, Mitleid, Sympathie, Neid, Stolz, Verliebtheit und Ärger und Wut. Die Emotionen Angst und Furcht werden in allen Theorien und Einteilungen genannt. Je nachdem, wie intensiv der Gefühlszustand der Angst ist,

© Der/die Autor(en), exklusiv lizenziert an Springer-Verlag GmbH, DE, ein Teil von Springer Nature 2025
A. Collatz, E. Weinrich, *Angst überwinden, Nähe erleben*,
https://doi.org/10.1007/978-3-662-71339-6_1

liegt eine leichte Unruhe, Unsicherheit, Angst, Schrecken bis hin zu Panik vor. Im vorliegenden Buch werden diese Emotionen unter dem Begriff Angst zusammengefasst.

Bei der Entstehung einer Emotion werden 5 Komponenten unterschieden:

- **sensorische**,
- **kognitive**,
- **physiologische**,
- **motivationale** und
- **expressive Komponente**.

Mithilfe eines Beispiels aus dem Alltag unseres Protagonisten Max werden diese Komponenten im Folgenden ausführlich beschrieben.

Sensorische Komponente
Zunächst wird ein Ereignis über die Sinne (Sehen, Hören, Riechen, Schmecken, Fühlen) wahrgenommen. Max kommt nach Hause und sieht, dass im ganzen Haus Kleidungsstücke, Spielzeug, Zeitschriften herumliegen, er hört Musik, er hört die Kinder, wie sie herumtoben, vielleicht riecht er einen Essensgeruch.

Kognitive Komponente
Es wird eine Bewertung der Wahrnehmung dieser Tatsachen vorgenommen. Diese Bewertung fällt subjektiv aus, je nach persönlichem Weltbild, Wertesystem und aktuellem physiologischen Zustand. Dazu kommt, dass die Aufnahme von äußeren sensorischen Informationen kognitiven Verzerrungen unterliegen: d. h., es werden Informationen zu der Situation einfach übersehen. Insgesamt gesehen kann damit ein und dasselbe Ereignis zu ganz unterschiedlichen Bewertungen führen.

Übertragen auf Max könnten folgende Bewertungen entstehen: *Kommt Max entspannt und ausgeruht nach Hause* (positiver physiologischer Zustand), freut er sich auf seine

Familie, ist stolz auf seine Kinder, so könnte die Bewertung der Unordnung, die Geräusche als nebensächlich, unwichtig ausfallen. Er könnte sogar denken, dass seine Familie heute einen aufregenden, interessanten Tag erlebt hat. Er nimmt wahr, dass die Kinder gebastelt und gemalt haben, dass man zusammen gekocht und gegessen hat. Die sensorische Wahrnehmung ist weg von der Unordnung und dem Krach hin auf andere angenehme positive Aspekte gerichtet.

Kommt Max andererseits sehr erschöpft nach Hause, hatte er einen sehr anstrengenden Tag mit einigen ungelösten Problemen am Arbeitsplatz (negativer physiologischer Zustand), so wird die gleiche Szene komplett anders bewertet: „Es ist immer dasselbe, die Kinder sind faul, sie haben einfach keine Lust aufzuräumen, Ida müsste viel mehr für die Schule machen, Lutz hat auch nur Flausen im Kopf." Nach diesen Bewertungen ist die sensorische Wahrnehmung ausschließlich auf weitere Mängel und Defizite ausgerichtet.

Physiologische Komponente
Die jeweils unterschiedliche Bewertung bewirkt das Ausschütten dazu passender Neurotransmitter und Hormone und verändert den physiologischen Zustand von Max, was von ihm als Emotion wahrgenommen wird. Erstes Beispiel: Max kommt entspannt nach Hause: Er erlebt trotz Unordnung Freude. Durch eine positive innere Bewertung der Situation wird Oxytocin und Serotonin ausgeschüttet.

Zweites Beispiel: Max kommt gestresst nach Hause: Er erlebt Enttäuschung, Ärger oder auch Angst. Die negative Bewertung bewirkt das Ausschütten von Adrenalin und Noradrenalin.

Motivationale Komponente
In Abhängigkeit von der Qualität der Emotion wird das Ereignis beibehalten oder intensiviert (z. B. bei Freude) oder es kommt zu einer Vermeidungs-, Flucht- oder sogar An-

griffshandlung (z. B. bei Wut oder Furcht). Max wendet sich den Kindern zu, ist an ihnen interessiert, lobt sie.

Bewertet er die Situation negativ, wie im zweiten Beispiel, so will er nur raus aus der Situation, er zieht sich zurück, will seine Ruhe haben oder beginnt zu schimpfen und zu kritisieren.

Expressive Komponente
Über verbales und nonverbales Verhalten wie Mimik und Gestik wird die jeweilige Emotion nun zum Ausdruck gebracht. Max lacht, ist den Kindern zugewandt, fragt nach, wie der Tag war. Im anderen Fall senkt Max die Augenbrauen, presst den Mund zusammen, verspannt sich, wendet sich ab.

Diese kurze Einführung zur Entstehung von Emotionen ist stark vereinfacht und kann den komplexen Abläufen und Interaktionen der vielfältigen Prozesse keineswegs gerecht werden. Es wurde allerdings in diesem Rahmen absichtlich darauf verzichtet, die Sachverhalte in ihrer Komplexität darzustellen, da der Schwerpunkt des Buches auf der Entstehung von Angst und der Veränderung dieses Zustandes liegt. Im Folgenden wird dargestellt, wie Angst entsteht. In Tab. 1.1 werden die Komponenten zur Übersicht noch einmal dargestellt.

Tab. 1.1 Auflistung der Komponenten zur Bildung von Emotionen

Sensorische Komponente	• Ein Außenreiz wird über einen oder mehrere der 5 Sinne (Sehen, Hören, Riechen, Schmecken, Tasten) wahrgenommen • Diese Wahrnehmung erfolgt immer unvollständig
Kognitive Komponente	• Die wahrgenommenen Informationen werden im nächsten Schritt kognitiv verarbeitet, gedankliche Informationen werden hinzugefügt • Es erfolgt eine Bewertung und Interpretation der wahrgenommenen Reize • Dabei treten immer kognitive Verzerrungen auf • Eine kognitive Verarbeitung unterliegt immer individuellen und subjektiven Maßstäben

(Fortsetzung)

Tab. 1.1 (Fortsetzung)

Physiologische Komponente	• Reize im Außen und kognitive Verarbeitungsmuster lösen im Körper physiologische Reaktionen aus • Neurotransmitter und Hormone (wie z. B. Dopamin, Serotonin, Oxytocin, Adrenalin) werden ausgeschüttet, die wiederum verschiedene Körperprozesse auslösen • Zum Beispiel steigt oder sinkt der Blutdruck, die Herzfrequenz und Atmung verändern sich, Blutgefäße werden erweitert oder zusammengezogen • Glykogen, Fettsäuren, Kortisol werden ausgeschüttet oder gehemmt
Motivationale Komponente	• Wahrnehmung, kognitive Verarbeitung, physiologische Reaktionen bestimmen nun die Absicht • Die Absicht bestimmt darüber, ob man den Zustand, in dem man sich befindet, erhält, steigert, vermeidet oder dämpft
Expressive Komponente	• Eine ganz bestimmte Emotion wird über Mimik, Gestik, Verhaltensweisen zum Ausdruck gebracht

1.1 Entstehung von Angst

In diesem Abschnitt wird dargestellt, wie Angst entsteht und was sie für Auswirkungen auf unseren Körper, auf unser Denken und unser Verhalten hat (Kirschbaum & Hellhammer 1988; Hüther 2016). Sprechen wir von Verhalten, so sind in diesem Begriff impliziert: verbale und nonverbale Äußerungen und Handlungen, d. h., es wird veranschaulicht, wie Angst auch unsere Kommunikation beeinflusst. Auf der Grundlage von Angst kann kein verständnisvoller Austausch stattfinden. Es entstehen Missverständnisse und Auseinandersetzungen. Soll ein Austausch zwischen den Kommunikationspartnern reibungslos ablaufen, so müssen sich beide Partner möglichst entspannt und frei von Angst fühlen. Wovon die Entstehung von Angst bzw. Gelassenheit/Entspannung abhängt, wird in diesem Abschnitt veranschaulicht. Damit wird deutlich, was Sie, lieber Leser, verändern oder bewirken können, wenn Ihnen ein freundliches Miteinander am Herzen liegt. Praktische Anleitungen dazu werden Ihnen in den nächsten Kapiteln vorgestellt. Es sei allerdings darauf hingewiesen, dass es nicht darum geht, keine Angst mehr zu empfinden. Kein Mensch ist frei von Angst. Es soll hier nicht der Eindruck entstehen, dass man sich so verändern soll, dass man vollkommen angstfrei lebt. Angst ist eine spontane innere emotionale Reaktion auf eine unerwünschte oder unangenehme Situation, Person oder Erinnerung. Da die kognitive Bewertung des sensorischen Reizes in der Außenwelt automatisiert und zunächst vollständig unbewusst abläuft, kann man eine Angst-Reaktion nicht verhindern. In einigen Situationen ist es auch wichtig und sinnvoll, mit Angst zu reagieren, z. B. wenn im Außen eine reale Gefahr besteht. So sollte man z. B. durchaus Angst verspüren, wenn man sich auf einer vielbefahrenen Straße befindet oder man nachts allein unterwegs ist. Diese reale Angst führt zu Achtsamkeit und Konzentration, sodass man gefährlichen Situationen mit Vorsicht begegnen kann. Sehr häufig reagiert man allerdings auch mit Angst, wenn im Umfeld keine reale Gefahrensituation vorliegt. Ein Beispiel: Viele Menschen haben Angst vor Auseinandersetzungen oder Meinungsverschiedenheiten. Man hält seine Meinung besser zurück, damit ja kein Streit entsteht. Man fürchtet sich vor der Situation zu streiten. Ist Streit eine reale Gefahr, ist die Gesundheit, das Leben bedroht, wenn man streitet? Objektiv gesehen nicht! Also bräuchte man doch keine Angst zu haben. Trotzdem entsteht Angst, manchmal sogar bis hin zu Panik. Hier kommen die **Bewertungen des wahrgenommenen Reizes** ins Spiel. Die Bewertung des Außenreizes ist ein sich **ständig wiederholendes Muster**, das die Person im Laufe ihres Lebens durch gerade diese Wiederholung fest installiert hat. Eine Bewertung von „Meinungsverschiedenheit" könnte z. B. lauten: „Im Streit habe ich keine Chance, der andere macht mich fertig, ich kann nichts entgegensetzen, ich bin machtlos." Diese Bewertung führt selbstverständlich und automatisch in die Angst. Mit dieser Interpretation von Streit kann man es nicht verhindern, dass Angst entsteht. Im Folgenden werden wir auf diese inneren Prozesse noch weiter und ausführlicher eingehen. Es ist wichtig, dass wir die Entstehungsbedingungen von Angst verstehen, um in der Lage zu sein, diesen Prozess zu unterbrechen und ein Übermaß an Angst zu verhindern. Damit liegt es in unserer Hand, dafür zu sorgen, entspannt und gelassen auf unser Gegenüber einzugehen. Wer von sich behauptet, überhaupt keine Angst zu haben, der ist entweder erleuchtet oder er macht sich etwas vor. Und nicht ehrlich zu sich selbst zu sein, beinhaltet eine große Gefahr: Derjenige wird sich seiner nicht selbst bewusst, ist sich nicht bewusst darüber, dass er mit Unbehagen, Unsicherheit oder Angst auf eine Situation reagiert und ist nicht mehr in der Lage, die Angst zu verarbeiten und abzustellen. Die Angst besitzt die Macht über die Person. Die Angst bestimmt über die Person, nicht die Person über die Angst! Über das Nichtwahrhaben-Wollen von Angst wird Angst unterdrückt, in der Person gespeichert und kann über die Zeit hinweg großen Schaden in Körper, Geist und Psyche anrichten (Gustavo 2024).

Wenn wir also ehrlich zu uns sind, können wir uns bewusst machen, dass wir beunruhigt oder ängstlich sind. Über dieses Bewusstmachen können wir es erreichen, dass wir recht schnell aus der Angst herauskommen. Die Kontrolle über unsere Angst liegt in unserer Hand. Wie gesagt, wir werden es nicht verhindern können, Angst zu empfinden, aber mithilfe von Selbst-Bewusstsein und Ehrlichkeit wird es uns gelingen, die Angstzeit zu verkürzen, sodass der Schaden, den die Angst im Menschen und im Miteinander, in der Kommunikation anrichten kann, entweder ganz abgewendet oder minimiert wird.

1.2 Auswirkungen von Glaubenssätzen

Im Folgenden wenden wir uns den **kognitiven Komponenten von sensorischen Eindrücken** zu. Wie schon beschrieben, nimmt jeder ständig Bewertungen und Interpretationen von Sinneseindrücken und Wahrnehmungen vor. Wir verwenden im weiteren Verlauf dazu den Begriff Glaubenssatz. Bei diesem Begriff handelt es sich um eine Bezeichnung von individuellen Überzeugungen und Bewertungen, entstanden durch erworbenes Wissen und gesammelte Erfahrungen einer Person (siehe dazu Kap. 1).

Welche Auswirkungen innerlich ablaufende Bewertungen auf uns, auf unseren Körper und unser Verhalten haben, wurde bereits kurz dargestellt (siehe Tab. 1.1).

In diesem Abschnitt werden die Auswirkungen ausführlicher aufgezeigt. Es kommt deutlich zum Ausdruck, wie wichtig es für uns ist, uns nicht in unsere Gedanken und Bewertungen zu verstricken. Geraten wir in die Geschichten, die uns unser Verstand immer wieder anbietet, so führt uns das immer mehr in einen unausgeglichenen Zustand, in dem wir unsere Kontrolle über uns mehr und mehr verlieren.

Dieser Abschnitt verdeutlicht, mit welchen **körperlichen, emotionalen und kognitiven Auswirkungen** kurz- und langfristig zu rechnen ist, wenn wir über einen längeren Zeitraum in Angst oder Ärger verbleiben. Zur einfacheren Orientierung und zum besseren Verständnis werden einige Begriffe, die im Text verwendet werden, vorab definiert und erläutert. Dabei handelt es sich um folgende Begriffe:

- **Autonomes Nervensystem**
- **Amygdala und Stressachse.**

1.2.1 Autonomes Nervensystem

Das Autonome Nervensystem umfasst alle Nerven, die die lebensnotwendigen Grundlagen unseres Körpers steuern. Das geschieht ohne unseren bewussten Willen. Atmung, Blutdruck, Herzschlag, Verdauung, Blasentätigkeit, Schweißproduktion und Puls werden über das Autonome Nervensystem reguliert. Es ist aufgeteilt in Sympathikus und Parasympathikus. Beide Teile sollten in einem ausgewogenen und ausbalancierten Miteinander aufeinander eingespielt sein, wie Bremsen und Gasgeben. Der Sympathikus springt bei tatsächlicher oder gefühlter intensiver Bedrohung an. Er aktiviert das gesamte System und bereitet es für schnelles Handeln vor. Herausfordernde Situationen werden damit gemeistert. Findet eine milde Aktivierung statt, so erleben wir Begeisterung, Lebenskraft und ein gesundes Maß an Leidenschaft. Nach einer Aktivierung des Sympathikus gleicht der Parasympathikus wieder aus und lässt ein allgemeines Gefühl der Erholung, der Ruhe, der Leichtigkeit und des Friedens entstehen und sorgt für einen Aufbau von körpereigenen Reserven.

Optimal wäre es, wenn nach jeder Sympathikus-Reaktion die ausgleichende und regenerierende Reaktion des Parasympathikus stattfinden würde. Allerdings befinden wir uns heutzutage viel zu oft und zu lange in der Sympathikus-Aktivierung. Wir sind schon fast in einem Dauerzustand von Anspannung und Stress, unsere Grundstimmung besteht aus Angst und Unsicherheit, welches zu einer Überreaktion des Sympathikus führt und zur Deaktivierung des Parasympathikus. **Dopamin, Oxytocin, Serotonin, Endorphine,** die im parasympathischen Zustand im Gehirn

Tab. 1.2 Darstellung von Transmittern und deren Wirkung

Dopamin	• Einsatzbereitschaft
	• Motivation
Oxytocin	• Vertrauen und Bindung
	• Gemeinschaftsgeist
	• Zur Ruhe kommen, Entspannung
Serotonin	• Glück
	• Zufriedenheit
	• Anerkennung
Endorphine	• Resilienz
	• Schmerztoleranz

ausgeschüttet werden und die zu einem Gefühl von Vertrauen, Einsatzbereitschaft, Gemeinschaftsgeist, Freude, zur Freude am Lernen und zur Stärkung des Motivationssystems führen, werden immer seltener ausgeschüttet. In der folgenden Tab. 1.2 werden die Wirkungen dieser Transmitter übersichtlich dargestellt.

Das Ausschütten dieser Transmitter ist von uns beeinflussbar. So führt das Erledigen von Aufgaben, das Setzen von Zielen und deren Erreichung zur Bildung von Dopamin. Oxytocin wird gebildet, wenn wir uns unseren Mitmenschen nahe fühlen, wenn wir ein angenehmes Miteinander erleben. Auch eine wohltuende Massage oder ein heißes Bad führt zur Bildung von Oxytocin. Möchten wir die Bildung von Serotonin anregen, so erreichen wir das z. B. darüber, bewusst dankbar zu sein für das, was ist, was wir erreicht haben. Der Fokus wird auf das Positive im Leben gelenkt. Um Endorphine freizusetzen, braucht es etwas mehr Anstrengung. Sie werden ausgeschüttet, wenn ein Ziel über längere Zeit verfolgt und erst sehr viel später erreicht wird. Dazu müssen auch schon mal Durststrecken, unangenehme Gefühle ausgehalten werden. Belohnt werden Anstrengung und Strapazen dann beim Erreichen des Ziels durch das Ausschütten von Endorphinen. Ein Spruch von Marathonläufern trifft diesen Sachverhalt sehr schön: „Der Schmerz geht, der Stolz

Tab. 1.3 Möglichkeiten zur Aktivierung bestimmter Transmitter

Dopamin	• Erledigen von Aufgaben • Kurzfristige Ziele erreichen • Kreatives Arbeiten • Kraftsport
Oxytocin	• Angenehmes Miteinander • Nähe/Berührungen • Zeit mit geliebten Menschen • Haustiere streicheln • Meditation
Serotonin	• Dankbarkeit • Achtsamkeit, Fokus auf das Positive • Ausdauersport • Sonnenlicht und Sonne tanken
Endorphine	• Setzen von langfristigen Zielen • Durchhalten und Erreichen der Ziele • Lachen • Mitsingen oder Tanzen • „Runners High" – bei langen, intensiven Einheiten

bleibt." In Tab. 1.3 werden die Möglichkeiten zur Aktivierung der genannten Transmitter dargestellt.

Diese positive Aktivierung kann allerdings nur stattfinden, wenn sich Parasympathikus und Sympathikus in einem ausgewogenen Maß befinden. In der ständigen Überreaktion des Sympathikus gelingt es nicht mehr, diese Transmitter zu bilden. Das macht deutlich, wie **wichtig es ist, dass man sich seiner Glaubenssätze, der inneren Bewertungen von äußeren Reizen, bewusst ist.** Führen die Glaubenssätze zu einem Gefühl der Bedrohung, lösen sie also Angst aus, so wird automatisch der Sympathikus aktiviert. Damit wird es immer schwieriger bis unmöglich, in einen ruhigen und zufriedenen Zustand zu wechseln. Das Ziel sollte sein, sich seiner Glaubenssätze bewusst zu sein, um sie dann gegebenenfalls ändern zu können.

Im Folgenden werden **kurz- und langfristige Folgen** einer Überreaktion des Sympathikus für den Körper, die Emotionen, das Denken und das Verhalten beschrieben.

Erkennt man, wie viel Schaden durch diese dauernde Aktivierung des Sympathikus entstehen kann, so ist man sicher bereit, an seinen Glaubenssätzen zu arbeiten. Damit ist es in unserer Hand, für immer mehr Ruhe und Zufriedenheit in uns und in unseren Verbindungen zu sorgen. Wir bieten einen vereinfachten Überblick zu wichtigen Bereichen und Prozessen im Gehirn an.

1.2.2 Amygdala und Stressachse

Unser Gehirn ist aufgeteilt in 4 Bereiche: **die Großhirnrinde, das Zwischenhirn, das Kleinhirn und das Stammhirn.** Die verschiedenen Bereiche sind für die unterschiedlichsten Funktionen unseres Daseins verantwortlich. Komplexe Zusammenhänge und Wechselwirkungen der Bereiche zeichnen die Wirkweise unseres Gehirns aus. Will man das Gehirn in seiner Funktionsweise erfassen, so steht man vor einem unglaublichen Netzwerk, das man schlicht mit dem Wort Wunder beschreiben könnte. Da es nicht unser Anliegen ist, dieses Wunder in seiner Komplexität zu beschreiben, greifen wir sehr vereinfacht einzelne, für das Verständnis der Entstehung von Gedanken und Gefühlen wichtige Bereiche heraus. Dabei handelt es sich z. B. um den **Mandelkern.**

Der wie ein Mandelkern (übersetzt: Amygdala) aussehende Bereich im Zwischenhirn (vorderer, mittlerer Teil des Gehirns) hat die Aufgabe, emotionale Bewertungen von Außenreizen vorzunehmen. Jede Information aus der Außenwelt wird innerhalb weniger Sekunden eingeordnet und bewertet. Die Situation wird eingeschätzt und es wird entschieden, ob wir uns in einer **sicheren, entspannten, geschützten oder für uns bedrohlichen oder gefährlichen Situation** befinden. Wird die Situation als **gefährlich** eingestuft, so wird sofort umgeschaltet auf das Stammhirn. Dieser Teil des Gehirns ist in der Entwicklungsgeschichte des Menschen als erster entstanden. Es sorgt dafür, dass unser Verhalten reflexhaft, automatisch, ohne Nachdenken geregelt wird. Der Vorteil besteht darin, dass der Mensch in Gefahrensituationen blitzschnell reagieren und sich aus gefährlichen Situationen befreien kann. Dabei wird die sogenannte Stressachse bzw. HHNA-Achse (Hypothalamus-Hypophysen-Nebennierenrinden-Achse) aktiviert. Es werden Adrenalin, Kortisol und Transmitter, wie z. B. Noradrenalin und Acetylcholin, ausgeschüttet. Der sich bedroht fühlende Mensch könnte mit dieser **reflexhaften Reaktion seines Körpers innerhalb weniger Sekunden kämpfen, flüchten oder in eine Schockstarre fallen.**

Körperliche Auswirkungen
Adrenalin führt zu einer Erhöhung der Herzrate, zu einer schnelleren Atmung, zu Schwitzen und Zittern und zur Magen-Darm-Aktivierung (Entleerung, um schneller laufen oder besser kämpfen zu können). Sämtliche Energiereserven werden aktiviert, um sich auf eine Kampf- oder Fluchtsituation vorzubereiten. Zusätzlich reagiert der Sympathikus innerhalb weniger Sekunden. Glukose (Zucker) wird nicht mehr gespeichert, sondern in den Blutstrom zur Aktivierung der Muskulatur abgegeben. Zusammengenommen entsteht eine maximale Leistung der Muskelarbeit, um bestmöglich kämpfen oder flüchten zu können. Gleichzeitig wird in der Großhirnrinde ein Teil, das Frontalgehirn, abgeschaltet. Das hat zur Folge, dass wir nicht mehr darüber nachdenken können, was zu tun ist, wir „ohne Verstand" kämpfen oder flüchten, weil es nur noch darum geht, für das Überleben zu sorgen. Diese Vorbereitungen und körperlichen Reaktionen machen Sinn und helfen tatsächlich beim Überleben, wenn wir uns wirklich in realen Gefahrensituationen befinden, wie es z. B. bei unseren Vorfahren der Fall war. Ihnen sind wilde Tiere, etwa Bären und

Säbelzahntiger, begegnet, sie mussten damit rechnen, von anderen Menschen überfallen zu werden. In der Vorzeit konnten wir es uns nicht leisten, „in Ruhe darüber nachzudenken", was jetzt wohl am besten zu tun wäre. Dieses Nachdenken hätte den Tod bedeutet und die Spezies Mensch wäre schon lange ausgestorben.

Hatte der Mensch die Gefahrensituation gemeistert, so wurde in der Amygdala Entwarnung gegeben. Damit konnten das Stammhirn und die HNNA-Achse wieder deaktiviert werden und in der Folge wurden der Parasympathikus und das Frontalgehirn wieder eingeschaltet. Der Mensch konnte entspannen, zur Ruhe kommen, sich von den Anstrengungen erholen. Das Ausschütten von Dopamin, Oxytocin, Serotonin sorgte wieder für ein Gefühl von Leichtigkeit, Freude, Frieden und Wohlbefinden. Der Mensch konnte regenerieren und in seine Kraft und Energie zurückfinden.

1.2.3 Auswirkungen von Angst

Was bedeutet das jetzt alles in Bezug auf eine konkrete alltägliche Kommunikationssituation? Dazu greifen wir wieder ein Beispiel heraus. Bleiben wir bei Max: Am Wochenende soll mit dem 10-jährigen Sohn Lutz Mathematik geübt werden, da in der drauffolgenden Woche eine Arbeit geschrieben wird. Max und seine Frau haben sich geeinigt, dass Max diese Aufgabe übernimmt. Lutz hat keine Lust dazu, er ist der Meinung, dass er sich dafür nicht vorbereiten muss. Er sagt seinem Vater: „Nein, ich lerne nicht mit dir, ich kann schon alles, ich will lieber mit dir Fußballspielen." Max bleibt beharrlich, es entsteht ein Streit, beide werden lauter, Lutz greift seinen Vater zum Schluss an: „Du nervst, lass mich in Ruhe, ich bin alt genug, selber zu entscheiden."

1 Emotionen

Jetzt schauen wir uns die **Bewertungen,** die in Max entstehen, genauer an. Max könnte diesen Satz von seinem Sohn folgendermaßen interpretieren: „Was bildet der sich ein, wie kann er so frech sein, das hätte ich mal meinem Vater sagen sollen, jetzt geht das wieder los, immer muss ich kämpfen, es ist alles so anstrengend, kann denn nichts mal glatt laufen?" Es entsteht in Max eine Geschichte, die sich aus sehr frühen Mustern und gegenwärtigen Erfahrungen zusammensetzt. So könnte er im weiteren Verlauf denken: „Ich kann mich nie durchsetzen, er macht, was er will, ich bin hilflos, ich bin ein schlechter Vater, ich bin nicht gut genug", viele vergangene Erlebnisse, die dieser Situation ähneln und sie können sehr weit zurückreichen bis in die Kindheit, werden sehr schnell und unbewusst aktiviert. Diese Erinnerungen und Bewertungen lösen Gefühle von Hilflosigkeit, Anstrengung, Kontrollverlust bis hin zu Ausgeliefert-Sein aus. Damit wird die Situation, in der sich Max befindet, als bedrohlich und erschreckend erlebt. In der Amygdala ist Lutz' Äußerung, dieser äußere Reiz, als **bedrohlich** eingestuft worden. Max befindet sich innerhalb von Sekunden in einem Kampf- und Fluchtmodus:

- Das Stammhirn wird eingeschaltet und übernimmt die Steuerung sämtlicher Prozesse.
- Das Frontalgehirn ist ausgeschaltet, Max ist nicht mehr in der Lage, logisch und vernünftig nachzudenken.
- Nur noch reflexhafte und unbewusste Reaktionen stehen ihm zur Verfügung.
- Durch die Aktivierung der HNNA-Stress-Achse werden Adrenalin, Kortisol, Acetylcholin ausgeschüttet.
- Sein Herz beginnt schnell zu schlagen, seine Atmung wird schnell und flach, Schwitzen und Zittern können auftreten, Magen- und Darmfunktionen werden aktiviert.

- Das sympathische Nervensystem lässt Zucker in den Blutstrom fließen zur Vorbereitung der Muskulatur für eine besondere Belastung (Kampf oder Flucht).
- Max ist maximal gut auf eine Kampf- oder Fluchtsituation vorbereitet.
- Der Feind, der entweder angegriffen oder vor dem die Flucht ergriffen werden muss, ist sein Sohn.

Was bedeutet es nun auf der **Verhaltens- und Kommunikationsebene**, dass Max bereit für **Kampf oder Flucht** ist? Je nach Gewohnheit entwickeln wir eine Vorliebe entweder für das Kämpfen oder Flüchten. Tendiert Max eher in Richtung Kampf, wird er sich nun verbal mit seinem Sohn streiten. Er wird ihn angreifen, kritisieren, beschimpfen: „Setz dich hin, lern endlich, mach, was ich dir sage, ich verbiete dir diesen Ton." Beide geraten zunehmend unter Stress, das Streitgespräch wird immer heftiger, Lösungen kann es unter diesen Umständen nicht mehr geben. Tendiert Max eher in Richtung Flucht, wird er nachgeben und stumm aus der Situation rausgehen. Auch hier gibt es keine Lösung für den Konflikt. Unter beiden Bedingungen erlebt Max keine Entspannung. Da die schwierige Situation keine Einigung gebracht hat, bleibt das Problem bestehen und damit verbleibt Max in der Stresssituation. Die HNNA-Achse, das Stammhirn und der Sympathikus bleiben aktiviert. Max kann nicht in Regeneration, Ruhe und Entspannung zurückfinden. Auch wenn er zeitlich schon lange aus der belastenden Situation heraus ist, bringen ihn die Gedanken und Erinnerungen an dieses Problem immer wieder sofort und unmittelbar in das Erleben einer Gefahrensituation. Angst entsteht nur durch das Erinnern an diese unangenehme Situation. Anders als in unserer Vorgeschichte, in der das „Problem" tatsächlich gelöst wurde, der Bär wurde getötet, in die Flucht geschlagen oder man hatte sich selbst in Sicherheit gebracht, verbleiben wir in ungelösten Gefahrensituationen. Max weiß nicht, was er tun kann, er fühlt sich hilflos und ausgeliefert und damit verbleibt er in Angst und Schrecken.

Lieber Leser, liebe Leserin, es ist heutzutage nicht verwunderlich, dass wir uns nur noch gestresst fühlen. Wir erleben so viele Gefahrensituationen, entweder real oder nur in Gedanken, die nicht durch Kampf oder Flucht behoben werden können. Jedes Mal, wenn wir über ungelöste Probleme nachdenken, setzt die innere Stressreaktion ein, mit all ihren schädigenden Wirkungen für Körper und Geist. Halten diese Stressreaktionen auch noch über einen langen Zeitraum an,

Tab. 1.4 Auswirkungen von lang anhaltendem Stress

Gastrointestinal (Magen- und Darmsystem)	• Geschwüre • Dickdarmentzündung • Reizdarmsyndrom, Durchfall, Verstopfung
Immunologisch (Abwehrsystem)	• Häufige Erkältungen und Grippen • Langsame Wundheilung • Anfälligkeit für ernsthafte Entzündungen
Kardiovaskulär (Herz-Kreislauf, Blutgefäße)	• Arterienverkalkung • Herzinfarkte
Endokrinologisch (Hormonsystem)	• Typ-2-Diabetes • Prämenstruelles Syndrom • Niedrige Libido, Erektionsstörungen
Psychische Folgen	• Ängste stehen im Vordergrund, dazu passende Erinnerungen werden aktiviert, neue Informationen können nicht mehr aufgenommen werden • Positive Erlebnisse werden nicht mehr wahrgenommen, eine Korrektur der negativen Gefühle findet nicht mehr statt, depressive Reaktionen entstehen: Noradrenalin wird durch Cortisol gehemmt, was dazu führt, dass man sich matt und apathisch fühlt • Auf Dauer wird damit der Dopamin- und Serotoninspiegel gesenkt, Botenstoffe, die für das Erleben von Freude und Entspannung sorgen • Man befindet sich in einem immer belastenderen und bedrohlicheren Teufelskreis

(Fortsetzung)

Tab. 1.4 (Fortsetzung)

Kognitive Folgen	• Bei Anspannung, Angst und Stress liegt der Bottom-up-Denkstil vor: Der Aufmerksamkeitsfokus ist eingeengt, das Risikoverhalten minimiert, nur Einzelheiten und Details werden beachtet, die Wahrnehmung ist auf das zu lösendes Problem fokussiert. Nur noch einfachste Tätigkeiten oder Routineabläufe werden absolviert, man beschäftigt sich mit Bekanntem, die Konzentration ist vermindert • Fühlt man sich dagegen entspannt und ruhig, ist der Top-down-Denkstil aktiviert. Kreatives Denken ist möglich, Visionen werden entwickelt, man ist auf das große Ganze konzentriert, risikoreichere Varianten werden ausprobiert

so kommt es zu Krankheiten in den verschiedensten Bereichen und in unterschiedlichsten Intensitäten. Der Teufelskreis, in den wir geraten, verhindert die ausgleichende Wirkung des Parasympathikus vollständig, sodass wir nicht mehr in Ruhe, Entspannung und Regeneration zurückfinden.

Es beginnt oft damit, dass Schlaf und Gedächtnis gestört sind. Weitere Folgen auf Körper, Geist und Seele werden in Tab. 1.4 dargestellt.

Macht man sich diese **Langzeitfolgen von Angst** und Ohnmacht bewusst, so sollten wir wirklich motiviert sein, so oft und so schnell wie möglich aus Angst und Stress herauszugehen, hinein in Ruhe und Entspannung. Die Aktivierung des Parasympathikus hilft uns, ein langes und gesundes Leben zu führen. In einem ruhigen und entspannten Zustand finden wir Lösungen, sind die Selbstheilungskräfte aktiviert, haben wir die Kontrolle über uns und sind nicht unseren Reflexen und unbewussten Reaktionen ausgeliefert.

Unsere Aufgabe besteht darin, mithilfe unserer Bewertungen und Glaubenssätze Reize im Außen so zu interpretieren, dass die Amygdala die Situation als ungefährlich einschätzt. Im Vergleich zu unserer Vorgeschichte treffen wir eben nicht mehr auf Raubtiere. Unser Gegenüber stellt in der Regel keine Gefahr dar. Max hat durch unbewusste Glaubenssätze, wie z. B.: „Ich genüge nicht, ich bin hilflos, kann mich nicht durchsetzen", die Reaktionen seines Sohnes und damit seinen Sohn als gefährlich eingestuft, sein Sohn ist unbewusst in seinen Augen zu einem Feind geworden. Die Amygdala signalisiert: „Achtung, im Außen besteht Gefahr, Feind im Anmarsch!" Danach erfolgen die im oberen Abschnitt beschriebenen Reaktionen: Aktivierung des Stammhirns, Deaktivierung des Frontalgehirns, Vorbereitung auf Kampf oder Flucht, vernünftige Lösungen können nicht mehr gefunden werden, ein Dauerzustand von Angst und Unsicherheiten wird eingeleitet. Aus diesen problematischen Zuständen können wir herauskommen. **Unsere Aufgabe** wird darin bestehen, sich in den verschiedensten Situationen bewusst zu machen, dass eben **keine reale** Bedrohungssituation vorliegt. Dazu müssen wir lernen, uns unsere angstauslösenden Bewertungen und Glaubenssätze bewusst zu machen und sie durch konstruktive und beruhigende zu ersetzen. Mit positiven Glaubenssätzen wie z. B. „Ich bin gut so, wie ich bin, es ist alles in Ordnung, ich kann über mich bestimmen" könnte Max in der Situation ruhig bleiben, sein Sohn stellt keinen Angreifer, keine Gefahr dar, und Max könnte in Ruhe überlegen, wie er es schafft, seinen Sohn zum Lernen zu motivieren.

Die allgemeine Angriffshaltung zeigt sich heutzutage im Kleinen wie im Großen. Schauen wir in die Familien oder auf die Weltbühne: in die zwischenmenschlichen Bereiche, Gruppen, Familien, Vereine, Firmen, Wirtschaft, Politik oder Gesellschaft. Angst regiert die Welt mit all ihren Auswirkungen, die zu so viel Leid und Elend führen.

Es liegt in unserer Hand, es liegt in unserer Verantwortung, dafür zu sorgen, dass wir uns wohlfühlen. Ich selbst kann entscheiden, ob ich in Angst und Schrecken oder in Entspannung und Ruhe gehe, mit den jeweils oben beschriebenen Konsequenzen für Körper und Geist. Das gilt es zu lernen. Dazu muss ich mir meiner Bewertungen und Glaubenssätze bewusst sein, dazu muss ich erkennen, wann und wodurch ich in die Angst gehe, und entsprechende Veränderungen vornehmen. Damit gelingt es uns, in ein Miteinander, in einen konstruktiven, lösungsorientierten oder einfach nur friedvollen und wohlfühlenden Austausch zu gelangen.

1.3 Glaubenssätze

Die wichtigste Frage, die sich ein Mensch in seinem Leben stellen kann, lautet:

> „Ist das Universum ein freundlicher Ort oder nicht?"
> (A. Einstein)

Bewertungen und Glaubenssätze sind Schablonen und Muster, die dabei helfen, die Unmengen an Informationen, die wir mit unseren Sinnesorganen aufnehmen (15.000.000 Bits pro Sekunde), sinnvoll zu komprimieren und einzuordnen. Wie schon beschrieben, muss in der Amygdala in Bruchteilen von Sekunden entschieden werden, ob eine Gefahrensituation vorliegt oder nicht, um gegebenenfalls schnellstmöglich reagieren zu können. Diese Muster entstehen durch Lernen. Wir lernen im Laufe der Zeit, welche Situationen gefährlich sind oder nicht. In Bewertungsmustern ist dieses Gelernte gespeichert und kann für das Einordnen von Informationen herangezogen werden. Schon von unseren Vorfahren haben wir einen Teil dieser Bewertungsmuster geerbt und übernommen, gespeichert in unserer DNA. Das heißt, noch heute wird die Einteilung in gefährlich und ungefährlich beeinflusst von den Bewertungsmustern lang zurückliegender, gesammelter Erfahrungen unserer Vorfahren. Allerdings werden auch im jeweils gegenwärtigen Leben Bewertungsmuster gelernt und angelegt, die zu Beginn des Lebens entstehen und zwar schon während der Embryonalzeit und der frühen Kindheit. Diese Bewertungsmuster führen zu Wahrnehmungsfiltern, die von all den Informationen im Außen nur die zu den Bewertungsmuster passenden und kompatiblen durchlassen. Die Entstehung von Angst wird durch diese unbewussten, automatisch ablaufenden Bewertungsmuster vollständig bestimmt. Um miteinander entspannt und kooperativ umgehen zu können, gilt es, sich diese Bewertungsmuster bewusst zu machen und gegebenenfalls zu ersetzen. Spannend wird es, wenn die vererbten Muster unserer Vorfahren verändert werden (Traumaerfahrungen aus den Weltkriegen wirken noch 3 Generationen weiter).

Wenden wir uns jetzt der Entstehung der persönlichen, individuellen (Muster/Überzeugungen/Bewertungen) Glaubenssätze zu, die sich im gegenwärtigen Leben entwickeln.

Schauen wir uns zwei Beispiele an: Das eine Kind A ist gewollt, erwünscht und wächst in einer liebevollen, wertschätzenden und sicheren Umgebung auf. Es kann Er-

Tab. 1.5 Auswirkungen von Akzeptanz und Ablehnung auf die Entstehung von Glaubenssätzen

Kind A	Kind B
• Ich bin erwünscht	• Ich bin unerwünscht und schwierig
• Ich bin geliebt und gemocht	• Ich bin nicht geliebt, werde abgelehnt
• Ich bin gut so wie ich bin	• Ich bin nicht gut so wie ich bin
• Ich bin sicher und geschützt	• Ich bin unsicher und ungeschützt
• Ich kann vertrauen	• Ich kann nicht vertrauen
• Ich bin machtvoll	• Ich bin ausgeliefert und ohnmächtig
• Ich bin wichtig, wertvoll	• Ich bin unwichtig, minderwertig
• Andere Menschen sind gut und verlässlich	• Andere Menschen sind böse

fahrungen von Verlässlichkeit machen, seine Bedürfnisse werden befriedigt, es bekommt Aufmerksamkeit. Das andere Kind B wird von Beginn der Schwangerschaft an und auch während seines Heranwachsens zurückgewiesen und abgelehnt, es wird allein gelassen, vielleicht erfährt es sogar Gewalt bis hin zur Misshandlung. Was lernen diese beiden Kinder, welche Bewertungsmuster/Glaubenssätze werden entwickelt? Unbewusst und vorsprachlich werden entgegengesetzte Glaubenssätze gebildet und gespeichert. In Tab. 1.5 werden diese Glaubenssätze gegenübergestellt.

Kind A entwickelt positive Selbstbewertungen und positive Einstellungen seinen Mitmenschen und der Welt gegenüber. Es lebt in einem „freundlichen" Universum. Kind B entwickelt negative Selbstbewertungen, misstraut sich selbst und anderen, fühlt sich immer unsicher und unbeschützt, es erlebt ständig Angst und Bedrohung, es lebt in einem „feindlichen" Universum. Diese so früh erworbenen Bewertungsmuster bleiben bestehen und werden mit ins Erwachsenenalter genommen (ohne dass wir das wissen!). Dort wirken sie in jeder Minute und in jeder Situation

Tab. 1.6 Auswirkungen von Glaubenssätzen auf Verhaltensweisen bei Lob

Erwachsener A	Erwachsener B
• Die Information passt zum Bewertungsmuster „Ich bin gut", wird ohne Irritation aufgenommen	• Die Information passt nicht zum Bewertungsmuster: „Ich bin schlecht" und wird nicht angenommen
• Die Person interpretiert den Außenreiz als nicht gefährlich	• Die Person ist irritiert, interpretiert den Satz als Gefahr und Bedrohung
• Sie freut sich über das Lob, fühlt sich entspannt, ist stolz auf die erbrachte Leistung und bekommt Lust, weitere Leistung zu erbringen	• Sie interpretiert den Satz um: „Das meint der andere nicht ernst, er will mich manipulieren, ich muss vorsichtig sein. Es entstehen Angst und Verunsicherung."

unseres Lebens und führen zu Ruhe und Frieden oder zu Angst und Schrecken.

Jetzt schauen wir auf die Konsequenzen dieser unterschiedlichen Bewertungsmuster. Je nach Glaubenssatz reagiert das Kind und auch später der Erwachsene auf ein und dieselbe Situation vollkommen verschieden.

Beispiel: Der Erwachsene A und der Erwachsene B hören beide ein ernstgemeintes Lob:

„Das hast du gut gemacht."

In Tab. 1.6 werden die unterschiedlichen Reaktionen im Denken und Handeln dieser beiden Personen dargestellt.

Das Fatale an dieser Art der Informationsverarbeitung besteht darin, dass die grundlegenden Glaubenssätze – positive wie negative – nicht mehr korrigiert werden. Sie werden durch diese selektive Filterwahrnehmung immer wieder bestätigt. Die positiven Muster führen allerdings zu einer allgemeinen Lebenszufriedenheit und Gesundheit, deshalb besteht auch nicht die Notwendigkeit der Änderung. Bei den negativen Glaubenssätzen gerät der Mensch auf Dauer in immer mehr Unzufriedenheit und Krankheit, immer ernsthafter werdende körperliche, emotionale, mentale oder auch Verhaltensprobleme treten auf. Der Druck wächst und viele Menschen sind dann daran interessiert, sich ihrer Muster bewusst zu werden und sie zu ändern.

Schauen wir uns nun das **Beispiel** an, dass der Erwachsene A und der Erwachsene B eine **kritische Bemerkung**, z. B. vom Vorgesetzten, zu hören bekommen: **„Diese Aufgabe ist nicht gründlich genug erledigt."** Die zugrundeliegenden unterschiedlichen Glaubenssätze führen wieder zu individuellen Interpretationen und zu ganz verschiedenen Reaktionen und Konsequenzen. In Tab. 1.7 werden diese Reaktionen gegenübergestellt.

Welche Konsequenzen sich aus diesen unterschiedlichen Interpretationen und Reaktionen kurzfristig und langfristig auf emotionaler, physiologischer und kognitiver Ebene er-

Tab. 1.7 Auswirkungen von Glaubenssätzen auf Verhaltensweisen bei Kritik

Erwachsener A	Erwachsener B
• Die Kritik passt nicht zum Muster „Ich bin gut und wertvoll" • Die Kritik wird nicht persönlich genommen, die Aussage wird lediglich auf das Verhalten hin interpretiert • Person A kommt zu dem Schluss, dass diese Situation ungefährlich ist, die Person bleibt entspannt • Sie kann die Kritik annehmen, in Ruhe darüber nachdenken, ihr Handeln entweder korrigieren oder den Chef von ihrem Vorgehen überzeugen	• Die Kritik passt zum Muster „Ich bin schlecht und minderwertig" • Die Person erhält eine Bestätigung seines negativen Selbstbildes, sie fühlt sich komplett abgewertet • Person B bewertet die Situation als gefährlich, es entsteht Unsicherheit und Angst • Person B gerät sofort in eine Kampf- oder Fluchtreaktion, man muss sich schützen/verteidigen/angreifen, ein inhaltlich klärendes Gespräch mit dem Chef kann nicht stattfinden, man ist entweder stumm oder beginnt einen Streit, in dem es nicht mehr darum gehen kann, eine Lösung zu finden

geben, wurde schon dargestellt. Welche Konsequenzen unsere Glaubenssätze für unsere Kommunikation, für unser Miteinander haben, wird im Folgenden verdeutlicht. Auch hier unterscheiden wir wieder zwischen Person A und B. Person A kann aufgrund ihrer positiven Glaubenssätze ganz anders mit ihren Mitmenschen kommunizieren als Person B. Dieses Miteinander bezieht sich auf alle denkbaren Kommunikationssituationen: z. B. in der Partnerschaft, in der Familie, mit Freunden und Bekannten, am Arbeitsplatz, in alltäglichen Situationen, beim Einkaufen, in der Vereinsarbeit, in der Politik. Treffen wir auf ein Gegenüber, brauchen wir zur wirklichen Verständigung positive Glaubenssätze!

Tab. 1.8 zeigt im Überblick, wie sich positive und negative Glaubenssätze auf unsere Kommunikation auswirken. Wie wir bereits wissen, erzeugen positive Glaubenssätze ein

Tab. 1.8 Auswirkungen von Glaubenssätzen auf die Kommunikation

Erwachsener A	Erwachsener B
• Interesse am anderen • Die Person wendet sich dem anderen zu • Dem anderen wird Wertschätzung und Achtung entgegengebracht • Man fragt nach bei Meinungsverschiedenheiten • Konstruktive Kritik • Geduld haben können • Vertrauen dem anderen gegenüber • Interesse an Fürsorge, Anerkennung, an Klärung von Konflikten	• Kein Interesse, sondern Misstrauen • Die Person geht auf Distanz • Der andere wird abgelehnt, abgewertet, verurteilt • Keine Nachfrage, stattdessen Rechthaberei oder Rückzug • Keine Kritik oder unsachliche Angriffe • Sehr schnell ungeduldig und ärgerlich • Es kommt zu Unterstellungen • Man möchte nichts mit dem anderen zu tun haben • Es kommt zu Unfairness, Überforderung, Passivität, Widerstand, Verweigerung, Aggressionen, Mobbingverhalten

Gefühl von Sicherheit, Freude und Interesse, während negative Glaubenssätze Unsicherheit, Angst, Enttäuschung, Ärger auslösen.

An dieser Aufzählung wird deutlich, wie weitreichend die Konsequenzen unserer Glaubenssätze sind. Wollen wir nachhaltige und langfristige Veränderungen im Miteinander erreichen, eine Verständigung mit dem anderen erzielen, so kommen wir nicht darum herum, uns immer wieder unsere Glaubenssätze bewusst zu machen und an ihnen zu arbeiten. Jedes Mal, wenn man sich aufregt, sich angegriffen fühlt, der andere kaum zu ertragen ist, hat man die großartige Chance, nach innen zu gehen und sich zu fragen, welcher negative Glaubenssatz gerade aktiviert ist. Übernehmen wir die Verantwortung für unser Verhalten, für unsere Glaubenssätze in den verschiedenen Situationen, so sind wir in der Lage, uns weiterzuentwickeln. Es geht weder darum, in Selbstmitleid zu versinken, weil wir in unserer Kindheit diese schlimmen Glaubenssätze mit auf den Weg bekommen haben, noch darum, dass der andere Schuld ist, wenn man sich schlecht fühlt oder es zu keiner Einigung im Miteinander kommt. Es geht darum, sich seiner Glaubenssätze bewusst zu werden, sich seiner selbst bewusst zu sein, um Änderungen vornehmen zu können. Als Erwachsener ist man in der Lage, sich eine Wahl zu verschaffen. Man kann in den kindlichen Mustern, in Angst und den immer gleichen Verhaltensweisen und Reaktionen steckenbleiben. Oder man lässt neue Muster in sich entstehen, die im Inneren und im Außen für Frieden und Gesundheit sorgen.

1.4 Take Home Message

Gefühle jeglicher Art entstehen durch das Zusammenspiel von verschiedenen Komponenten: die sensorische, kognitive, physiologische, motivationale und expressive. Dieser Prozess läuft vollständig individuell und subjektiv ab. In ein und derselben Situation können Personen die unterschiedlichsten Emotionen entwickeln.

Glaubenssätze führen zu bestimmten Emotionen, die sich auf unser Gehirn und unseren Körper auswirken. So haben z. B. Angst oder Freude verschiedene Auswirkungen auf das Autonome Nervensystem und die Stressachse, die HHNA-Achse. Angst führt zur Aktivierung des Sympathikus, was uns körperlich vorbereitet, in eine Kampf- oder Fluchthaltung zu gehen. Hält diese Aktivierung der körperlichen Prozesse zu lange an, kann es zu einer dauerhaften Schädigung vieler verschiedener Prozesse und Organe im Körper kommen. Der Gegenspieler, der Parasympathikus, der für Ruhe, Entspannung und Erholung sorgt, kommt nicht mehr zum Zuge. Damit verbleiben wir Menschen in einer fast permanent anhaltenden Stressreaktion, mit den krank machenden Reaktionen in Körper, Geist und Psyche. Aus diesem Alarmzustand heraus ist es nicht mehr möglich, vernünftig zu handeln.

Glaubenssätze entstehen in frühester Kindheit. Diese Bewertungen helfen, Reize im Außen sehr schnell in „gefährlich" und „ungefährlich" einzuordnen, was wiederum dem Zweck dient, bei (oft auch nur vermeintlicher) Gefahr sehr schnell reagieren zu können und sich z. B. in Sicherheit zu bringen. Diese kindlichen Bewertungsmuster sind prägend, bestimmen und beeinflussen auch noch das Erwachsenenleben. Das Verhalten, Denken, Erleben, die Kommunikation eines Erwachsenen geschehen auf der Grundlage dieser erworbenen Glaubenssätze.

Literatur

Ekman, P. (2010). *Gefühle lesen: Wie Sie Emotionen erkennen und richtig interpretieren.* Springer.

Gustavo, E. (2024). *Neurowissenschaften des Stresses: Von der Neurobiologie zu den Kognitions-, Emotions- und Verhaltenswissenschaften.* Springer.

Hüther, G. (2016). *Biologie der Angst-Wie aus Stress Gefühle werden.* Vandenhoeck & Ruprecht.

Izard, E. (1999). *Die Emotionen des Menschen. Eine Einführung in die Grundlagen der Emotionspsychologie.* Beltz Verlag.

Kirschbaum, C., & Hellhammer, D. H. (Hrsg.). (1988). *Enzyklopädie der Psychologie: Psychoendokrinologie und Psychoimmunologie* (S. 307–360). Hogrefe.

2

Tools zur Selbstregulation

Dieses Kapitel präsentiert eine Übersicht über vielfältige Methoden, mit denen Sie Stress, Angst und starke Emotionen im Alltag selbst regulieren können. Ob Achtsamkeitsübung, Atemtechnik oder eine andere praktische Selbsthilfe-Methode – Sie lernen Werkzeuge kennen, um in herausfordernden Situationen rasch wieder Ruhe und innere Balance zu finden. So beugen Sie Missverständnissen und Konflikten vor, reagieren gelassener und verbessern nachhaltig Ihre Kommunikation.

Im vorangegangenen Kapitel ist ausführlich beschrieben worden, welchen Einfluss Glaubenssätze auf unsere Emotionen haben. Emotionen wiederum führen zu bestimmten Handlungen und Verhaltensweisen. Es entstehen automatisch verschiedene Verhaltensweisen in Abhängigkeit davon, ob die Person sich entspannt, ruhig und freudig fühlt oder in Unruhe, Sorge, Ärger oder Angst gerät. Kommunikation verstehen wir als Handlung oder Verhaltensweise, die zwischen 2 oder mehr Kommunikationspartnern abläuft (ausführliche Darstellung und Definition von Kommunikation siehe Kap. 10).

Gehe ich in die Verbindung mit meinem Gegenüber, rede ich mit ihm, so ist mein Ziel, dass ich den anderen an dem teilhaben lasse, was ich denke und fühle. Ich transportiere Informationen aus meinem Inneren nach außen, ich sende eine Botschaft. Mein Gegenüber nimmt diese Botschaft auf, transportiert sie nach innen, interpretiert diese Informationen aufgrund seiner Glaubenssätze, sodass eine individuelle Wahrnehmung der gesendeten Botschaft entsteht. Eine gelungene Kommunikation zeichnet sich dadurch aus, dass die gesendete Information möglichst mit der empfangenen Information übereinstimmt. Die Gesprächspartner erkennen es daran, dass man sich in der Situation mit dem anderen wohlfühlt, verstanden und angenommen, und bei Meinungsverschiedenheiten Lösungen gefunden werden können. Dieser Verständigungsprozess stellt eine echte Herausforderung dar, da das Senden und Empfangen von Botschaften ein überaus komplexer Prozess ist: immer abhängig von individuellen Bewertungsprozessen und Emotionen der beteiligten Kommunikationspartner. Um ein möglichst *hohes Maß an Verstehen und Verständigung* zu erzielen, ist das *wohlwollende Miteinander* zwischen den Kommunikationspartnern eine grundlegende Voraussetzung. Ein wohlwollendes Miteinander gelingt dann, wenn sich beide Partner ohne Angst begegnen können.

Wie Entspannung in kommunikativen Situationen immer wieder hergestellt werden kann, wird nun beschrieben. Wir zeigen Möglichkeiten auf, wie man sich bei belastenden Gefühlen möglichst schnell und einfach regulieren kann, sodass Missverständnisse und Konflikte reduziert und verhindert werden können. Diese *Selbstregulationen* beziehen sich, wie der Name schon sagt, immer auf sich selbst. Es werden keine Techniken vorgestellt, die das Ziel haben, das Gegenüber zu beeinflussen oder zu manipulieren. Es kostet schlichtweg weniger Kraft und Energie, sich selbst zu verändern als den anderen dazu zu zwingen, sich so zu verhalten, wie man meint, dass man es bräuchte. Indem jeder ganz bei sich bleibt und sich immer fragt, was man selbst für einen Beitrag leisten kann, schwierige Situationen zu verändern, kann jeder nach seinen Wünschen und Bedürfnissen jede kommunikative Situation beeinflussen und gestalten. Macht wird genutzt und eingesetzt, sich selbst zu verändern, sodass Schwierigkeiten schnell behoben werden können. Durch diese Haltung wird natürlich auch das Gegenüber beeinflusst, eine durchaus wichtige Wirkung. Der Kommunikationspartner reagiert auf Entspannung anders als auf Ärger oder Angst. Sowohl Entspannung bei sich selbst als auch Angst und Ärger werden auf das Gegenüber übertragen. Die Selbstregulation wird genutzt, um ***positive Kommunikations-Kreisläufe*** herzustellen.

Die hier vorgestellten Techniken haben, wie gesagt, alle dasselbe Ziel, nämlich das der Selbstregulation. Wir haben bei der Auswahl der Techniken darauf geachtet, dass ein breites Repertoire an unterschiedlichsten Möglichkeiten angeboten wird, sodass jeder nach seinem Geschmack und seinen Vorlieben eine Technik für sich finden kann. So befindet sich darunter z. B. Ho'oponopono, eine alte hawaiianische Heilmethode. Darüber hinaus haben wir darauf geachtet, dass die Techniken **einfach** im Alltag einzusetzen sind. Egal für welche Technik man sich entscheidet, alle bewirken eine Veränderung auf allen Ebenen: der kognitiven, emotionalen, körperlichen und Verhaltensebene. Der Fokus der Techniken unterscheidet sich allerdings. So gibt es Techniken, die vorrangig auf die gedankliche Ebene abzielen, andere rücken eher den emotionalen, energetischen Aspekt in den Vordergrund. Wiederum andere setzen auf der unbewussten Ebene oder der Verhaltensebene an. Egal, welche Technik, Sie, liebe Leserin und lieber Leser, auswählen, Sie werden immer eine Wirkung auf allen Ebenen feststellen. So wie es bei einem Mobile zu sehen ist. Bewegt man ein Teilchen, bewegen sich alle anderen Teilchen mit. In

Tab 2.1 Übersicht über Techniken zur Selbstregulation

Kognitive Ebene	Emotionale/ Energetische Ebene	Unbewusste Ebene	Verhaltensebene
• 4 Aufgaben • Ho'oponopono • ACT	• Energetische Psychologie	• Trance	• Rituale • Verstehensprozesse • Sprache

Tab. 2.1 werden diese Techniken hinsichtlich ihres Fokus vorgestellt und eingeordnet. In den folgenden Kapiteln werden diese Techniken ausführlich und in ihren vielfältigen Anwendungsmöglichkeiten dargestellt.

2.1 Take Home Message

Gelingende Kommunikation setzt Entspannung und Wohlwollen voraus. Geraten wir in Angst, Unsicherheit oder Ärger, so ist es notwendig, sich möglichst schnell wieder zu regulieren, um Missverständnisse oder Konflikte zu verhindern. Techniken zur Selbstregulation können eingesetzt werden, um in den unterschiedlichsten alltäglichen Situationen Entspannung und Ausgeglichenheit wieder herzustellen. Eine Vielzahl unterschiedlichster Techniken mit verschiedenen Schwerpunkten wird angeboten. Diese Techniken können im Alltag schnell und wirksam eingesetzt werden.

3

Die vier Aufgaben

In diesem Kapitel wird eine verblüffend einfache Methode vorgestellt, um belastende Gedanken und Glaubenssätze zu hinterfragen und zu ändern. Durch vier gezielte Aufgaben (inspiriert von einem bekannten Coaching-Ansatz) lernen Sie, innere Überzeugungen zu lösen, die Stress und Angst auslösen. Das Ergebnis: Sie gewinnen einen klaren Kopf, reduzieren Ihren Stress und können Ihre Angst Schritt für Schritt bewältigen.

Die amerikanische Psychotherapeutin Byron Katie entwickelte 4 Fragen, die auf Bewertungsprozesse, sprich: Gedanken angewendet werden (Byron & Mitchell 2002). Diese 4 Fragen sind so einfach wie genial. Durch das Bewusstmachen von Gedanken und den sich anschließenden 4 Fragen ist es möglich, sich von Gedankenmustern zu lösen und recht schnell einen Perspektivwechsel vornehmen zu können, der notwendig ist, um aus Anspannung und Unruhe herauszukommen. Die 4 Fragen lauten in deutscher Übersetzung:

1. Ist der Gedanke wirklich wahr? Kannst du mit absoluter Sicherheit wissen, dass dieser Gedanke wahr ist?
2. Wo führt dich dieser Gedanke hin, wie reagierst du, wenn du diesen Gedanken glaubst? Welche Gefühle entstehen? Bringt dieser Gedanke Ruhe, Freude oder Stress und Anspannung? Welche Bilder aus der Vergangenheit tauchen auf? Welche Empfindungen tauchen im Körper auf? Wie reagiert man auf den anderen? Wie behandelst du dich selbst?
3. Wie wärst du ohne diesen Gedanken? Wie oder was bist du ohne den Gedanken?
4. Kehre den Gedanken um. Aussagen werden ins Gegenteil umgewandelt und anschließend werden mindestens 3 Beispiele gefunden, die zeigen, dass das Gegenteil auch wahr ist.

In der Arbeit mit unseren Klientinnen und Klienten haben wir diese Fragen geändert, um die Anwendung noch klarer und effizienter zu gestalten, und so, dass jeder diese Fragen für sich selbst anwenden kann – ohne Begleitung. Es zeigte sich, dass es für die Klientin/den Klienten einfacher ist, statt Fragen direkte Anweisungen und Aufgaben gestellt zu bekommen. Im Folgenden werden diese Aufgaben im Einzelnen beschrieben.

Zur Anwendung dieses Tools wird zunächst der Gedanke, der in der Situation auftaucht, bewusst gemacht. Anschließend nimmt man sich für die Überprüfung, d. h. für die Bearbeitung der 4 Aufgaben ein wenig Zeit. Man kann die Augen schließen, um seine Konzentration ganz nach innen zu lenken, um für einen Moment still zu werden und in die Tiefe zu gehen. Folgende Aufgaben werden gestellt und beantwortet:

1. **Überprüfen Sie, ob Ihr Gedanke wirklich der Wahrheit entspricht.**

2. Machen Sie sich bewusst, was dieser Gedanke alles in Ihrem Leben auslösen kann. Nehmen Sie wahr, zu welchen körperlichen, emotionalen und kognitiven Konsequenzen und zu welchen Verhaltensweisen dieser Gedanke führt.
3. Stellen Sie sich vor, Sie denken in diesem Moment nichts. Beobachten Sie in diesem Moment Ihre Gefühle, Ihre körperlichen Reaktionen, Ihre daraus resultierenden Verhaltensweisen. Ihr natürlicher Urzustand taucht auf.
4. Spielen Sie mit dem ursprünglichen Gedanken. Aussagen werden ins Gegenteil umgewandelt, Subjekt und Objekt werden vertauscht. Finden Sie Situationen, in denen das Gegenteil bereits gültig ist.

3.1 Anwendungsbeispiel

Lassen Sie uns diese 4 Aufgaben jetzt anhand eines Beispiels genauer betrachten. Wir wenden uns Lisa zu. Sie trifft sich mit ihrer Freundin abends nach der Arbeit zum Kinobesuch. Ihre Freundin beginnt sofort zu jammern und zu klagen, dass sie so müde sei, einen ganz schrecklichen Tag hinter sich habe. Lisa stellt fest, dass ihre Freude auf den gemeinsamen Abend umschlägt in Ärger. Sie hört sich an, was ihre Freundin berichtet, und bewertet diese Aussagen. Die auftauchenden Gedanken bei Lisa sind: „Oh nein, jetzt geht das wieder los. Sie ist wirklich ein Jammerlappen und ist immer unzufrieden." Diese Gedanken werden nun mithilfe der 4 Aufgaben bearbeitet.

1. Überprüfen Sie, ob Ihr Gedanke wirklich der Wahrheit entspricht.

Lisa hat nun die Aufgabe, den Realitätsgehalt ihres Gedankens zu überprüfen. Lisa muss sich zu 100 % sicher ist, dass ihre Gedanken der Wahrheit entsprechen. Der Gedanke wird also auf seine Allgemeingültigkeit hin überprüft. Falls der Gedanke der Wahrheit entspricht, so darf es kein einziges Gegenbeispiel geben: Ihre Freundin müsste immer ein Jammerlappen sein. Sie hätte keine einzige andere Eigenschaft, Fähigkeit, keinen anderen Persönlichkeitsanteil. Sie müsste **immer** unzufrieden sein. Außerdem müsste Lisa mit Sicherheit wissen, dass es wieder losgeht. Dazu müsste Lisa in die Zukunft blicken können. Wenn man Lisas Gedanken so gründlich und kritisch überprüft, muss man zu dem Schluss kommen, dass die Gedanken, so allgemeingültig und absolut formuliert, nicht der Wahrheit entsprechen. Lisa kann nicht in die Zukunft schauen, um mit Gewissheit sagen zu können, dass es wieder losgeht. Lisa muss sich eingestehen, dass ihre Freundin auch ganz andere Seiten hat als nur die Jammerseite. Sie weiß, dass ihre Freundin nicht immer unzufrieden ist. Lisa findet Gegenbeispiele zu ihren Gedanken. Sie erinnert sich daran, dass ihre Freundin auch über ganz andere Verhaltensweisen und Eigenschaften verfügt. Sie findet Beispiele, in denen ihre Freundin ganz andere Seiten von sich zeigt. Lisa gesteht sich also ein, dass ihre aktuellen Gedanken zu ihrer Freundin nicht wahr sind. Etwas übertrieben formuliert, könnte man auch sagen, Lisa erzählt sich „Lügengeschichten". Diese Erkenntnis, dass ihre Gedanken zu ihrer Freundin nicht der Wahrheit entsprechen, führt Lisa in eine andere emotionale Grundstimmung. Der spontan entstandene anfängliche Ärger löst sich auf. Lisa hat es geschafft, sich von den inneren Bewertungen und Gedanken zu distanzieren. Das führt dazu, dass sie neutraler, ruhiger und entspannter auf ihre Freundin reagieren kann. „**Überprüfen Sie, ob Ihr Gedanke wirklich der Wahrheit entspricht**" führt Lisa in eine tolerantere, annehmende Haltung ihrer Freundin gegenüber. Statt Ärger und vielleicht sogar Angst, dass der Abend unbefriedigend ablaufen wird,

wird jetzt Verständnis, Respekt und Wohlwollen entwickelt. Diese Aufgabe hilft also dabei, sich von Gedanken zu lösen, zu distanzieren, die Identifikation mit den inneren Bewertungen aufzuheben. Dadurch entsteht eine andere emotionale Haltung, die wiederum die Kommunikation zwischen den Partnern in einen verständnisvollen Prozess verwandeln kann.

2. Machen Sie sich bewusst, was dieser Gedanke alles in Ihrem Leben auslöst. Nehmen Sie wahr, zu welchen körperlichen, emotionalen und kognitiven Konsequenzen und zu welchen Verhaltensweisen dieser Gedanke führt.

Also angenommen, Lisa stellt ihren Gedanken nicht infrage. Sie hält weiter an dem Gedanken fest, dass es jetzt wieder losgeht, ihre Freundin ein Jammerlappen und immer unzufrieden ist. Sie wird sofort viele weitere Beispiele finden, die diese Behauptung stützen. Diese Gedanken lösen Unwohlsein, Unruhe, Enttäuschung, Angst und Ärger aus. Lisa gerät in einen inneren Konflikt. Ihre Erwartung an diesen Abend war, sich zu entspannen, Spaß zu haben mit der Freundin, abschalten zu können. Stattdessen erlebt sie jetzt eine anstrengende Situation. Sie gerät in Hilflosigkeit, weiß nicht, was sie tun soll. Sie gibt ihrer Freundin die Schuld, dass sie, Lisa, sich schlecht fühlt. Diese Gedanken und Bewertungen führen immer weiter in Enttäuschung, Ärger und Angst. Lisa reagiert aus diesem Zustand mit unfreundlichen Bemerkungen, sie wendet sich von ihrer Freundin ab oder kritisiert sie, macht ihr Vorwürfe. Beide geraten in ein angespanntes Miteinander, vielleicht sogar in Streit. Man befindet sich in einem Teufelskreis. Lisa erlebt tatsächlich einen unbefriedigenden Abend, an dem ihre Freundin „schuld" ist. Schauen wir nun in das Beispiel, wenn Lisa die 2. Aufgabe bewusst ausführt. Lisa erkennt recht schnell und klar, zu welchen Konsequenzen und Reaktionen auf den unterschiedlichsten Ebenen ihre Gedanken führen. Sie erkennt, dass ihre „unwahren Gedanken" sie und ihre Freundin in eine recht problematische Situation bringen. Sie erkennt, dass sie sich in etwas hineinsteigert, das ihr und ihrer Freundin nicht guttun wird. Sie erkennt, dass sie die Macht, die Situation zu gestalten, an ihre Freundin abgegeben hat. Nun muss sich die Freundin ändern, damit es Lisa besser gehen kann. Sie erkennt, dass das Problem nur dadurch entsteht, dass sie ihrer Freundin etwas unterstellt, was auf einer „Lügengeschichte" beruht. Durch diese Erkenntnisse, durch das Bewusstmachen der inneren Prozesse ist Lisa in der Lage, den Teufelskreis zu stoppen. Es wird möglich, sich von ihren Gedanken zu distanzieren und zu lösen. Lisa erkennt, dass es kein reales Problem im Außen gibt, sondern nur Bewertungsmuster, die das Problem erzeugen. Damit setzt Entspannung und Ruhe ein. Weiß der Körper, das Gehirn, dass man sich nicht wirklich in einer bedrohlichen Situation befindet, wird wieder umgeschaltet in den Parasympathikus (siehe Abschn. 1.2.1) Das geschieht automatisch und unmittelbar. Durch das Anwenden der 2. Aufgabe eröffnen sich wieder Möglichkeiten und Alternativen, in ein friedliches Miteinander zu kommen.

3. **Stellen Sie sich vor, Sie denken in diesem Moment nichts. Beobachten Sie in diesem Moment Ihre Gefühle, Ihre körperlichen Reaktionen, Ihre daraus resultierenden Verhaltensweisen. Ihr natürlicher Urzustand taucht auf.**

Zur Bearbeitung dieser Aufgabe ist Lisa gebeten, sich theoretisch vorzustellen, wie und wer sie wäre, wenn sie keinen Gedanken denkt. Was taucht innerlich auf, bei der Vorstellung, ohne Gedanken zu sein? Sich in diese Vorstellung zu begeben bedeutet, sich in einen leicht meditativen

3 Die vier Aufgaben

Zustand zu begeben. Wer bin ich wirklich? Nehmen Sie, liebe Leserin, lieber Leser, sich wirklich ein wenig Zeit, sich vorzustellen, ohne Gedanken zu sein. Dabei werden Sie feststellen, dass wir pausenlos „in Gedanken sind". In uns laufen ständig Bewertungen, Interpretationen, Geschichten ab, die, wie wir bei der 1. Aufgabe festgestellt haben, nicht der Wahrheit entsprechen. Wir sind so identifiziert mit unseren Gedanken, dass wir vergessen haben, wer wir wirklich sind. Machen Sie sich die Mühe herauszufinden, was auftauchen wird. Lisa nimmt sich einen kurzen Moment Zeit, geht nach innen und fragt sich, wer sie wirklich ist. Überrascht stellt sie fest, dass sie sich sofort entspannt, dass sie aus dem inneren Konflikt herauskommt, dass sie Freude empfinden kann. Sie muss nichts tun, sie muss nichts verändern, nur wahrnehmen, was ist. Sie macht die Erfahrung von Freiheit, Zufriedenheit, Ruhe, Kraft und Energie. Löst sie sich von ihren Gedanken, so stellt sie fest, dass „die Welt in Ordnung ist". Sie entdeckt damit ihren „Normalzustand" oder „Urzustand"! Wir alle kommen in diesem Zustand auf die Welt, waren schon immer in diesem Zustand, sind es in diesem Moment und werden es auch in Zukunft sein. Wenn wir allerdings in Bewertungen, Interpretationen, negativen Glaubenssätzen abdriften, uns Geschichten erzählen, so fallen wir aus diesem wunderbaren Zustand heraus und die Probleme beginnen. Lisa verschafft sich durch diese Frage eine kleine Pause, sie unterbricht ihren Problemzustand und kann damit sich selbst und ihrer Freundin wieder ganz anders begegnen. Uns dauerhaft in einem Zustand ohne Geschichten, Gedanken, Bewertungen zu halten ist nicht möglich und auch nicht beabsichtigt. Es reicht, in einem Miteinander, in dem es schwierig ist oder wird, sich nur für einen Moment dieser Aufgabe zu stellen, da sich dadurch die Möglichkeit eröffnet, aus dem Problemzustand herauszukommen. Lisa kann in diesem angenehmen Zustand ihre Freundin anders betrachten und damit anders, verständnisvoll auf sie reagieren.

4. Spielen Sie mit dem ursprünglichen Gedanken. Aussagen werden ins Gegenteil umgewandelt, Subjekt und Objekt werden vertauscht, Situationen werden bestimmt, in denen das Gegenteil bereits gültig ist.

Lisa ist jetzt gefordert, ihre spontan aufgetauchten Gedanken in das Gegenteil umzukehren. Aus „Oh nein, jetzt geht das wieder los. Sie ist wirklich ein Jammerlappen und ist immer unzufrieden!" wird „Es geht nicht wieder los, sie ist kein Jammerlappen und ist nicht immer unzufrieden". Dazu zählt sie sich noch 3 Situationen auf, in denen ihre Freundin anfänglich gejammert hat und dann aber umgeschaltet hat in konstruktives Verhalten. Sie sucht 3 Situationen, in denen sie ihre Freundin zufrieden und ausgeglichen erlebt hat. Diese Gedanken helfen Lisa, sich zu entspannen. Sie kann verständnisvoll auf ihre Freundin reagieren und vermeidet eine Auseinandersetzung. Während Lisa mit ihren spontan aufgetauchten Gedanken in eine Abwehrhaltung geraten ist, kann sie diesen Widerstand gegen eine Situation nun in ein „Annehmen, was ist" verwandeln. Auch wenn ihre Freundin in diesem Moment tatsächlich jammert und unzufrieden ist, macht es für Lisa keinen Sinn, sich dagegen zu sträuben bzw. diese Tatsache zu „bekämpfen". Das fordert nur Kraft und Energie, die eingesetzt wird, um eine Tatsache, die Realität zu verändern. Dieses Kämpfen gegen das Außen führt dazu, dass man sich ständig schwächt und erschöpft, ohne damit auch nur im Geringsten etwas zu erreichen. Im Gegenteil: Die Situation wird immer schwieriger, man erzeugt immer mehr Widerstand auf beiden Seiten, Lösungen sind in solchen Momenten nicht mehr möglich. Karl Valentin hat es mit einem lustigen Satz auf den Punkt gebracht: „Immer, wenn es regnet, freue ich mich! Denn wenn ich mich nicht freue, regnet es trotzdem!" Lisa wird ihre Freundin in dem Moment nicht ändern können. Allerdings kann sie sich selbst in ihrer Reaktion auf den Zustand ihrer Freundin ändern. Sie kann wählen, ob sie mit Abwehr gegen ihre Freundin reagiert oder ihr mit Ruhe und Entspannung begegnet. Die Umkehr ihrer Gedanken hilft Lisa dabei, wählen zu können. Lisa ist in der Lage zu entscheiden, ob sie die Situation, egal, was um sie herum passiert, mit Entspannung, Gelassenheit und Ruhe oder Abwehr, Angst und Ärger gestaltet. Damit ist Lisa in der Lage, sehr machtvoll jede Situation so zu gestalten, wie es für Lisa Sinn macht und es ihr guttut. Ein wohlwollendes Miteinander entsteht, in dem Probleme wirklich gelöst werden können. So kann Lisa z. B. in diesem entspannten Zustand ihre Freundin fragen, was denn los ist, wie sie ihr vielleicht helfen kann, an diesem Abend einmal abzuschalten und wieder Kraft zu schöpfen, um ihre Schwierigkeiten zu lösen.

Eine **weitere Möglichkeit, die vorliegenden Gedanken umzukehren**, besteht darin, die Gedanken auf sich selbst anzuwenden. Das bedeutet in Lisas Fall, dass sie einmal Folgendes überprüft: „Jetzt geht das wieder los. Ich bin wirklich ein Jammerlappen und bin immer unzufrieden!" Lisa überprüft, ob sie das Verhalten ihrer Freundin von sich selbst kennt. Dabei entdeckt sie, dass auch sie in der ein oder anderen Situation unzufrieden ist und jammert. Durch das Sich-Bewusstmachen dieses Verhaltens entwickelt sie zum einen unmittelbar mehr Verständnis für ihre Freundin und zum anderen kann sie sich nun fragen, was genau sie ändern muss, um aus Jammern und Unzufriedensein herauszukommen. Damit ist sie wieder in einem Bereich angekommen, in dem sie etwas bewirken und verändern kann.

Der Einsatz dieser 4 Aufgaben hilft dabei, sich in Gesprächssituationen schnell regulieren zu können, falls man feststellt, dass negative Emotionen mit ins Spiel kommen. Dabei spielt es keine Rolle, mit wem man gerade kommuniziert. Das kann das Kind, der Partner, der Chef, ein Freund sein. Wichtig ist die Haltung, dass man in schwierigen Situationen bereit ist, an sich selbst zu arbeiten, Veränderungen bei sich zu bewirken. Um sich dieses Tool anzueignen, ist es anfänglich sinnvoll, sich in einem ruhigen Moment Zeit zu nehmen, einen Gedanken aufzuschreiben und diesen Gedanken anschließend mit den 4 Aufgaben zu bearbeiten. Dabei gelingt einem die Veränderung zwar erst nachträglich, aber zum Üben ist das der erste Schritt. Dieser nachträgliche Schritt führt dazu, dass bei der nächsten Begegnung mit dieser Person mehr Verständnis und Annahme gelingen kann. Mit der Zeit ist man so trainiert in der Anwendung dieser 4 Aufgaben, dass es möglich ist, in einer konkreten aktuellen Gesprächssituation diese Aufgaben zu nutzen und, wie oben beschrieben, ein wohlwollendes Miteinander herzustellen. Spielen Sie, verehrte Leserin, verehrter Leser, mit diesen Aufgaben. Seien Sie neugierig, was passieren wird. Jedes Mal wird auf Ihrer Seite des Gesprächs Wertschätzung und Toleranz ermöglicht. Das bedeutet allerdings nicht, dass man nun alles gleichgültig ertragen wird. Ganz im Gegenteil: Es ermöglicht, ruhig zu bleiben und aus Angriff, Widerstand, Kränkungen und Verletzungen herauszugehen. Nur in dieser ruhigen, wertschätzenden Haltung können Alternativen, neue Ideen und Lösungen entstehen. Die 4 Aufgaben: ein Instrument, um Frieden in der Welt zu schaffen!

3.2 Take Home Message

Die 4 Aufgaben sind:

- Überprüfen Sie, ob Ihr Gedanke wirklich der Wahrheit entspricht.

- Machen Sie sich bewusst, was dieser Gedanke in Ihrem Leben auslöst.
- Stellen Sie sich vor, Sie denken in diesem Moment nichts.
- Spielen Sie mit dem ursprünglichen Gedanken.

Sie können in allen kommunikativen Situationen eingesetzt werden. Um sie direkt und unmittelbar nutzen zu können, sollten sie geübt werden. Mit der Zeit steht Ihnen dieser Perspektivwechsel immer schneller, fast schon automatisch zur Verfügung, sodass es möglich sein wird, sich oft und lange in Ruhe und Gelassenheit halten zu können.

Es folgen weitere Instrumente, um dieses wunderbare Ziel erreichen zu können. Wenden wir uns nun einer abgewandelten Methode des Ho'oponoponos zu.

Literatur

Byron, K., & Mitchell, S. (2002). *Lieben was ist. Wie vier Fragen Ihr Leben verändern können*. Arkana Verlag.

4

Ho'oponopono

Sie werden in ein altes hawaiianisches Vergebungsritual eingeführt, das erstaunlich alltagstauglich ist. Mit einfachen, positiven Worten können Sie alte Konflikte auflösen, negative Gefühle loslassen und zu innerem Frieden finden. Dieses Ritual der Achtsamkeit fördert Selbstheilung und Verständnis – im privaten Umfeld ebenso wie im beruflichen Miteinander.

Bei der Methode des Ho'oponoponos handelt es sich um eine alte hawaiianische Heilmethode (Dupreé 2011). Übersetzt bedeutet dieser Begriff:

- ho'o: eine Handlung in Gang setzen,
- ponopono: Güte, Rechtschaffenheit, Moral.

Diese Methode wurde in den Familien eingesetzt, um gestörte Kommunikationen, ein gestörtes Miteinander wieder in Ordnung zu bringen. Man ging und geht davon aus, dass Spannungen, Konflikte, Auseinandersetzungen krank machen, wenn sie zu lange bestehen. Persönliches Fehlverhalten, Tabubrüche, Verstöße gegen geistige Gesetze rufen, wenn sie nicht korrigiert werden, bei sich selbst oder auch anderen Krankheiten hervor. Das, was heutzutage wissenschaftlich belegt ist (siehe dazu auch Abschn. 1.2), wurde damals einfach vorausgesetzt und direkt Abhilfe geschaffen. Bei Konflikten jeglicher Art und daraus entstandenen Krankheiten ging der Schamane in die Familien, um Streit zwischen Familienmitgliedern zu schlichten. Die Familien trafen sich täglich oder wöchentlich, um Probleme zu besprechen und zu lösen. Nur so konnte wieder Gesundheit hergestellt werden. Das Ziel bestand immer darin, wieder ein gutes Verhältnis zwischen den Familienmitgliedern herzustellen. Es wurde Ehrlichkeit sich selbst und den Familienmitgliedern gegenüber erwartet. Es wurde gefordert, Interesse daran zu haben, den Konflikt aufzulösen, Schuld einzugestehen, zu bereuen, um Vergebung zu bitten und zu vergeben. Man kann Ho'oponopono als einfache Methode der Vergebung ansehen. Sie geht allerdings, wie wir gleich sehen werden, weit über eine reine Vergebungstechnik hinaus. Im Laufe der Zeit entstanden leicht voneinander abweichende, im Kern allerdings übereinstimmende Methoden. Eine der Original-Version lautet:

1. Ich verzeihe dir, ich verzeihe mir, bitte verzeihe mir.
2. Es tut mir leid.
3. Ich liebe mich, ich liebe dich.
4. Danke.

Hier wird eine von uns entwickelte, an die heutige Zeit angepasste einfache Version dargestellt, um sie möglichst problemlos in unserem Alltag einsetzen zu können. Auch wenn die Anwendung recht einfach ist, so ist dieses Tool doch hochwirksam, tiefgehend und nachhaltig. Es besteht bei dieser einfachen Version die Möglichkeit, die Anweisungen ohne das Gegenüber, nur für sich selbst anzuwenden. Die Arbeit in der ganzen Familiengruppe entfällt und es ist auch nicht notwendig, dass ein Schamane bei uns zu Hause vorbeikommt, um mit uns diese Arbeit zu vollziehen (allerdings wäre das ein wirklich bereichernder Prozess, wenn so eine Selbstverständlichkeit wieder eingeführt würde, wenn Störungen im gesamten System, sprich: in der Familie – damit kann auch das Team in der Firma gemeint sein – zusammen mit einem „Schamanen" betrachtet und bearbeitet würden).

Jede Person, die daran interessiert ist, Unbehagen in der Kommunikation aufzulösen, die bereit ist, auf den eigenen Anteil zu schauen, Verantwortung für die Störung zu übernehmen, kann folgende Sätze für sich selbst laut aussprechen oder auch nur in Gedanken formulieren.

1. **Sobald ich bereit bin, dir zu vergeben, vergebe ich dir. Und ich vergebe mir.**
2. **Ich bin bereit, meinen Anteil zu sehen, und bitte dafür um Vergebung.**
3. **Ich schätze mich und ich schätze dich.**
4. **Du hast es mir ermöglicht, mich weiterzuentwickeln, danke dafür.**

Voraussetzung ist, wie gesagt, der **ehrliche Wunsch, eine Veränderung im Miteinander herbeizuführen**, dem anderen oder sich selbst zu vergeben oder ihn auch um Vergebung zu bitten. Die klare und eindeutige Absicht und Entscheidung, etwas verändern zu wollen, zu vergeben, um Vergebung zu bitten, ist wichtig und notwendig. Vergebung ist unbedingt notwendig, um wieder in die innere Balance zurückzufinden. Macht man sich oder dem anderen weiter und immer wieder Vorwürfe, so schwächt man sich permanent. Selbstbewusstsein, Selbstsicherheit, Selbstvertrauen können nicht entwickelt werden. Fehlen diese Stärken, kann in einem Gespräch, kein entspanntes Miteinander entstehen.

Die Sätze sollten wiederholt laut ausgesprochen oder nur leise gedacht werden, nur an sich selbst oder auch an die andere Person gerichtet. Sie können als Wünsche angesehen werden, die durch das ständige Wiederholen langsam real werden. Nach **einigen Tagen**, vielleicht auch erst nach **ein bis zwei Wochen** wird man feststellen, dass sich die Gefühle zu der anderen Person verändern. Man wird eine neue Leichtigkeit und Stimmungsaufhellung wahrnehmen.

4.1 Anwendungsbeispiel

Im Folgenden werden diese Sätze genauer beleuchtet und verdeutlicht, was mit diesen kraftvollen Aussagen implizit verbunden ist. Dazu werden wir 2 schwierige Situationen, die Max an seinem Arbeitsplatz mit seinen Kollegen erlebt, herausgreifen. Max ist verantwortlich für ein Team von 5 Kollegen. Bei dem ersten Beispiel wird es um einen Konflikt mit Julian gehen. Es gibt immer wieder Differenzen mit Julian, der oft unpünktlich ist, zu erledigende Aufgaben zu spät abliefert, sich viele Raucherpausen gönnt. Max ist interessiert daran, diese immer wieder auftauchenden Schwierigkeiten abzustellen. Er überlegt, was er aus seiner Sicht tun kann, um in eine andere Haltung Julian gegenüber zu kommen. Seit längerer Zeit ist er genervt bis wütend, hat schon mit Julian gesprochen, gedroht, auf ihn eingeredet, ohne Erfolg. Er kehrt nun diese Lösungsversuche um und fragt sich, was sein Anteil sein könnte, was er selbst ändern kann, um aus seiner Hilflosigkeit herauszukommen. Jetzt kommt Ho'oponopono ins Spiel (bzw. die von uns abgewandelte Version).

1. **Sobald ich bereit bin, dir zu vergeben, vergebe ich dir. Und ich vergebe mir.**

Max entscheidet sich bewusst, Julian sein problematisches Verhalten zu vergeben. Er geht diesen Schritt, um sich zu entlasten. Er möchte die angespannte Beziehung zwischen sich und Julian so schnell wie möglich auflösen und wieder eine neutrale bis wohlwollende Verbindung zu Julian herstellen. Ihm ist klar, wenn er weiterhin verärgert und wütend auf Julian reagiert, werden beide mehr und mehr in einen Teufelskreis der Anspannung und des Unverständnisses geraten, wodurch die Problematik nicht behoben werden kann. Diese einfachen Worte: „Ich vergebe dir jetzt" reichen aus, um neue Voraussetzungen für eine zukünftige Problemlösung zu schaffen. Max muss mit Julian nicht darüber reden, dass er ihm verzeiht, wozu er es macht, was er damit erreichen will. Er muss sich nicht mal verdeutlichen, was implizit Vergebung alles beinhaltet. Zum Beispiel, dass man jemandem vergeben kann, weil man weiß, derjenige konnte und kann nicht anders. Max versteht über die Wiederholung dieses Satzes mit der Zeit, dass Julian diese Verhaltensweisen an den Tag legt, weil er keine besseren oder optimalen zur Verfügung hat. Damit entsteht ein ganz neuer Verständniskontext: Julian verhält sich nicht deswegen so, weil er Max und die anderen ärgern oder provozieren will, sondern weil er wirklich nicht anders kann. Damit bekommt Max einen Zugang zu anderen Lösungsstrategien. Er kann Julian etwas Neues beibringen. Ein nächster Schritt kann darin bestehen, dass Max sich selbst auch vergibt. Mit dieser neuen Sichtweise auf Julian erkennt er, dass er ungeduldig und genervt reagiert hat. Vergibt Max sich dieses selbst, kann er in den nächsten Situationen mit Julian entspannt und zugewandt umgehen.

2. **Ich bin bereit, meinen Anteil zu sehen, und bitte dafür um Vergebung.**

Dieser Satz überrascht im ersten Moment. Max entschuldigt sich bei Julian? Müsste das nicht umgekehrt sein? Julian ist noch eine ganze Zeit lang nicht in der Lage, sich zu entschuldigen, da er gar nicht verstanden hat, dass er ein Problem hat. Er ist sich der Wirkung seines Verhaltens auf die anderen nicht bewusst. Vielleicht registriert er den Unmut der anderen, projiziert aber die Verantwortung für diesen Umstand komplett auf die anderen: Die sollen sich mal nicht so anstellen. Also ist von Julian keinerlei Veränderung zu erwarten. Max ist gefragt. Er will Veränderung, damit er sich wieder besser fühlen kann, aber auch damit das Problem endlich für alle befriedigend gelöst werden kann. Wofür sollte sich Max also entschuldigen? Und wozu sollte er das tun? Max ist bereit, seinen Anteil an der Problematik zu übernehmen und diesen Anteil zu verändern. Dieses „Es tut mir leid" führt ihn dahin, sich bewusst zu machen, was er Julian angetan hat. Er macht sich klar, dass er Julian unfreundlich gegenüber war, dass er mit Ungeduld und Zurückweisung reagiert hat, dass er Julian im Gespräch mit anderen schlecht gemacht und abgewertet hat. Dieses Verhalten Julian gegenüber führt bei Julian dazu, dass er in den Widerstand geht und bestimmt nicht bereit ist, an sich zu arbeiten oder sich zu verändern. Max macht sich diese Zusammenhänge deutlich und ist mit der Entschuldigung in der Lage, den entstandenen Teufelskreis zu unterbrechen. Es verlangt schon Größe, diesen Schritt zu gehen. Man könnte mit Fug und Recht weiter auf Julian schimpfen. Inhaltlich gesehen, ist das Verhalten von Julian nicht korrekt. Das Jammern, Schimpfen und Kritisieren von Max bringt aber keinen Vorteil, macht keinen Sinn. Also geht Max hin, übernimmt Verantwortung für sich und die Situation und ist damit in der Lage, aus Hilflosigkeit und Ohnmacht wieder in eine schöpferische, machtvolle Haltung zu wechseln.

3. Ich schätze mich und ich schätze dich.

Dieser 3. Satz hilft dabei, sich deutlich zu machen, dass, egal welche Problematik gerade vorherrscht, eine grundsätzliche Annahme sich selbst und dem anderen gelebt werden sollte. Auch das stellt wieder eine Herausforderung dar. Durch ständiges Wiederholen entsteht eine Gewöhnung an diesen Inhalt. Mit der Zeit ist man in der Lage, sich selbst und den anderen mehr und mehr anzunehmen, wertzuschätzen, zu respektieren. Das Annehmen bedeutet dabei, sich und den anderen so anzunehmen und zu respektieren, wie man ist. Man „wertschätzt" nicht die Problematik, das unschöne, schreckliche, schlimme Verhalten. Nein, man wertschätzt sich und den anderen im innersten Kern. Man erkennt sich und den anderen als liebenswerte Geschöpfe, die manchmal etwas seltsame Verhaltensweisen an den Tag legen. Bemüht man sich um diese Sichtweise, so eröffnen sich wieder ganz neue Perspektiven. Man kann sich abwenden von der Fokussierung auf Defizite und Schwierigkeiten hin zu Stärken und Fähigkeiten. Man kann sein Gegenüber zunehmend wieder in seiner Ganzheit und nicht nur in seiner Problematik sehen. Max wird beginnen, bei Julian Seiten zu entdecken, die sinnvoll und konstruktiv im Arbeitsprozess eingesetzt werden können. Entspannung setzt ein, und zwar auf beiden Seiten. Neue Verhaltensweisen werden ermöglicht. Indem Max auch sich selbst „wertschätzt", d. h. liebevoll und anerkennend mit sich umgeht, hat er seine Aufmerksamkeit auch auf sich selbst gerichtet. Er denkt nicht nur über Julian nach, sondern fragt sich, was er braucht, was seine Bedürfnisse sind, was er für sich tun kann, damit es ihm mit diesen Schwierigkeiten gut geht. Auch hier wird die Perspektive erweitert. Max sieht sich nicht nur noch aus seiner Hilflosigkeit und Ohnmacht heraus, sondern wieder in seiner Ganzheit, mit seinen Stärken und Fähigkeiten. Der Stress aus der Situation wird herausgenommen, die Bedrohung verschwindet, Ruhe kehrt ein und es kann, wie in Kap. 1 beschrieben, wieder mithilfe des Frontalgehirns nach Lösungen gesucht werden.

4. Du hast es mir ermöglicht, mich weiterzuentwickeln, danke dafür.

Max geht in die Dankbarkeit. Doch dankbar wofür? Dankbar dafür, dass Julian ihm das Leben so schwer macht, dass es Probleme gibt, die kaum zu lösen sind? Sicher nicht. Nein, Max kann zum einen dankbar dafür sein, dass Julian überhaupt etwas leistet, dass er neben problematischen Seiten viele Verhaltensweisen zeigt, die wertvoll und wichtig sind. Er erkennt z. B., welche Rolle Julian im Team spielt, welche Stärken und Fähigkeiten Julian besitzt. Damit ist er in der Lage, Julian auch wieder ein positives Feedback zu geben. Positives Feedback bedeutet für Julian, sich angenommen und gewertschätzt zu fühlen. Julian geht aus Stress, Angst und Ärger heraus und kann Flucht, Angriff oder Starre als Lösungsstrategien ablegen. Er entspannt sich und kann mit Ruhe darüber nachdenken, was er für einen Anteil dazu beiträgt, dass es an bestimmten Stellen immer wieder zu Auseinandersetzungen kommt. Er legt seinen Widerstand ab, ist wieder motivierter und sucht von sich aus nach Lösungen. Er schaltet um in den Parasympathikus und damit in einen anderen Denkstil (siehe Abschn. 1.2.3). Max hat mit diesem Dank und den anderen Sätzen insgesamt Bedingungen und Voraussetzungen geschaffen, die eine Lösung des Konflikts ermöglichen. Max kann auch noch für einen 2. Aspekt dankbar sein. Er dankt Julian dafür, dass er über den Konflikt mit ihm begonnen hat, an sich selbst zu arbeiten. Ohne die Problematik hätte er nicht gelernt, über sich nachzudenken, sich Prozesse in sich bewusst zu machen. Er hätte sich nicht bewusst gemacht, dass er ungerecht, ungeduldig, abwertend, ablehnend war. Durch diese Erkenntnis kann er an diesen Eigenschaften und Verhaltensweisen arbeiten, um sie abzustellen. Es gelingt ihm, seine Persönlichkeit weiterzuentwickeln. Er lernt, Verantwortung für sein Leben, für alles, was er denkt, fühlt und tut, zu übernehmen, um sich immer machtvoller, entspannter und ruhiger zu fühlen. Dafür kann er dankbar sein.

Ein zweites Beispiel: Der Chef von Max macht ihm Vorwürfe, dass er in einem bestimmten Projekt nicht effektiv und effizient genug gearbeitet hat. Max fühlt sich zu Unrecht angegriffen, er hat das Gefühl, dass er alles in seiner Macht Mögliche geleistet hat, dass er sein Bestes gegeben hat. Er reagiert mit Enttäuschung, Ärger und Angst. Max hat jetzt 2 Möglichkeiten. Zum einen kann er sich weiter ärgern, sich hineinsteigern in diese Ungerechtigkeit. Das würde ihn körperlich, mental und emotional in einen maximalen Stress bringen. Gedanken und Gefühle führen dazu, dass sein Stammhirn aktiviert, sein Frontalgehirn deaktiviert wird. Außer Angriff, Flucht oder Starre stehen keine Lösungen mehr zur Verfügung! Er würde sich mit seinem Chef streiten, ihn angreifen, sich vielleicht auch gekränkt zurückziehen, demotiviert werden, langfristig möglicherweise innerlich kündigen. Zum anderen kann sich Max entscheiden, so schnell wie möglich aus der problematischen Reaktion herauszukommen, sich so schnell wie möglich wieder zu beruhigen, zu entspannen und in die Ruhe zu gehen. Er fühlt sich besser, kann das Problem auf einer sachlichen, inhaltlichen Ebene zusammen mit seinem Chef lösen. Sein Frontalgehirn bleibt eingeschaltet und er kann überlegen, was jetzt zu tun ist. Um das zu erreichen, kann er Ho'oponopono anwenden. Voraussetzung dafür ist eine klare Entscheidung, die eigene Macht zu nutzen, sich selbst zu regulieren. Max denkt den ersten Satz.

1. Sobald ich bereit bin, dir zu vergeben, vergebe ich dir. Und ich vergebe mir.

Max verzeiht dem Chef, dass er ihn und seine Arbeit so allgemein und generell infrage gestellt hat. Er verzeiht ihm sein unklares, unspezifisches Feedback. Er verzeiht ihm, dass er seine eigene Unzufriedenheit auf ihn übertragen hat. Durch dieses Verzeihen kann er den Angriff seines Chefs abwehren und sich schützen vor Entwertung und Ablehnung. Gleichzeitig verzeiht sich Max sofort und unmittelbar selbst für den Fall, dass er tatsächlich Fehler gemacht haben sollte. Durch dieses „Ich verzeihe mir selbst" nimmt sich Max den Schrecken und die Angst vor einer allgemeingültigen eigenen Entwertung. Er hat möglicherweise einen oder mehrere Fehler gemacht, die er sich vergibt, die aber nichts über seinen Wert als Person aussagen. Entspannung und Ruhe können entstehen.

2. Ich bin bereit, meinen Anteil zu sehen, und bitte dich dafür um Vergebung.

Satz 1 hilft Max, gelassen und ruhig zu bleiben. Er muss nicht mit seinem Chef kämpfen, sich rechtfertigen, ihn kritisieren oder ihn angreifen. Er muss auch nicht alles schlucken, dem Chef recht geben, die Situation aushalten und ertragen. Er muss nicht jammern und sich schlecht fühlen, mit anderen über den Chef lästern. Nein, er kann aus dieser Ruhe heraus nachfragen. Er kann fragen, womit der Chef genau unzufrieden ist. Er kann mit dem Chef ein konstruktives Gespräch führen, welche Erwartungen des Chefs nicht erfüllt wurden. Erkennt Max, dass er tatsächlich den ein oder anderen Aspekt übersehen hat oder falsch gemacht hat, übernimmt er dafür, aber eben auch nur dafür, die Verantwortung, entschuldigt sich und korrigiert es.

3. Ich schätze mich und ich schätze dich.

Selbst- und Nächstenliebe werden praktiziert. Jemand anderen wertzuschätzen gelingt nur aus der Haltung der Selbst-Wertschätzung. Nur wenn Max sich selbst wertschätzt, kann er dem anderen auf Augenhöhe Wertschätzung entgegenbringen. Andere wertzuschätzen ohne Selbstliebe würde in ein unterwürfiges Verhalten abdriften. Das macht keinen Sinn. Max nimmt sich so an, wie er ist. Egal, ob oder wie viele Fehler er gemacht hat, macht oder machen wird, er ist so, wie er ist, wertvoll, einzigartig und wunderbar. Fehler sind kein Grund, sich abzuwerten, Fehler sind ausschließlich dazu da, zu lernen und sich weiterzuentwickeln. Diese Sichtweise wird trainiert und mit der Zeit fühlbar und erlebbar. Genauso muss die Haltung „Ich wertschätze dich" geübt werden. Egal, wie der Chef ist, was er von sich gibt, es darf alles so sein, er darf so sein, wie er ist. Auch wenn er mal ungerecht ist, Vorwürfe macht, unüberlegt und ungeduldig ist, zu hohe Erwartungen hat, Max wird lernen, seinen Chef auch mit seiner Schattenseite anzunehmen, auch ihn in seinem Kern wertzuschätzen und zu würdigen. Was nicht bedeutet, dass sich Max alles gefallen lassen und ertragen muss. Es bedeutet lediglich, dass Max mit dieser Grundhaltung Bedingungen schaffen kann, eine Lösung zu generieren.

4. Du hast es mir ermöglicht, mich weiterzuentwickeln. Danke dafür.

Max kann sich bedanken. Er bedankt sich bei seinem Chef, dass er für ihn arbeiten kann. Er dankt seinem Chef dafür, dass er ihn mit seiner Kritik gefordert hat. Er dankt ihm dafür, sich wieder erinnert zu haben, wie viel Macht in seiner Hand liegt, sich selbst und die Umstände um sich herum steuern und regulieren zu können. Er dankt ihm auch dafür, sich verbessern zu können in seiner Arbeit. Er dankt ihm dafür, dass er immer mehr Bewusstsein in sich selbst herstellen kann, Bewusstsein darüber, was er denkt, fühlt und tut. Dieses Selbst-Bewusstsein verschafft ihm die Grundlage für eigenverantwortliches, machtvolles Verhalten. Max kann in diesem stetigen Entwicklungsprozess mehr und mehr herausfinden, was er will, was ihm wichtig ist und wie er das erreichen kann. All diese Aspekte stecken in dem „Danke". Dabei muss Max nicht mit seinem Chef darüber sprechen, er kann es denken und es damit zu seiner Grundhaltung werden zu lassen. Diese Grundhaltung führt Max in ein großes Maß an Toleranz seinen Mitmenschen gegenüber und in ganz andere Reflexionsprozesse, die nichts mehr mit Ärger, Angst oder Ablehnung zu tun haben.

4.2 Take Home Message

Ho'oponopono ermöglicht es, Unmut, Ärger, Wut auf eine sehr einfache Art und Weise aufzulösen. Die Bereitschaft, eine andere Sichtweise als die spontan aufgetauchte einzunehmen, stellt dabei, genau wie bei allen anderen Techniken, eine notwendige Voraussetzung dar. Die Sätze lauten:

- Sobald ich bereit bin, dir zu vergeben, vergebe ich dir. Und ich vergebe mir.
- Ich bin bereit, meinen Anteil zu sehen, und bitte dafür um Vergebung.
- Ich schätze mich und ich schätze dich.
- Du hast es mir ermöglicht, mich weiterzuentwickeln. Danke dafür.

Sie werden so lange wiederholt, bis man feststellt, dass sich Ärger und Wut gelegt haben.

Nach den 4 **Aufgaben** und **Ho'oponopono** folgt die nächste Technik zur Selbstregulation. Auch hier setzen wir wieder auf der kognitiven Ebene an. Als Voraussetzung wird gefordert, Selbstverantwortung zu übernehmen, den eigenen Anteil an der schwierigen Situation zu sehen und verändern zu wollen.

Literatur

Dupreé, U. E. (2011). *Heile dich selbst und heile die Welt: Ho`oponopono: Der hawaiianische Weg, um einfach, schnell und effektiv innere und äußere Konflikt zu lösen.* Zenit und Nadir Verlag.

5

Raus aus dem Kampf: ACT

Statt gegen die Angst anzukämpfen, zeigt Ihnen das folgende Kapitel (ACT – Akzeptanz- und Commitment-Therapie), wie Sie aufhören, Ihre Gefühle zu unterdrücken. Sie lernen durch Achtsamkeit und Akzeptanz, unangenehme Emotionen anzunehmen und konstruktiv mit ihnen umzugehen. Dieser Ansatz hilft Ihnen, Angst zu bewältigen und trotz Unsicherheit handlungsfähig zu bleiben – so richten Sie den Blick nach vorn und stärken Ihre innere Widerstandskraft.

Der nun vorgestellte Ansatz bietet eine weitere Möglichkeit, Einfluss zu nehmen auf unsere Gedanken, Glaubenssätze, inneren Bewertungen und Gefühle, um flexibel und konstruktiv in Gesprächen reagieren zu können. Es geht also wieder darum, unsere Gedanken und damit unsere Gefühle zu beeinflussen, um möglichst ruhig und entspannt bleiben zu können. Bei der Auswahl der Technik haben wir erneut darauf geachtet, dass sie einfach im Alltag einsetzbar ist, sie kostet nur wenig Zeit und erzielt trotzdem eine tiefgehende und nachhaltige Wirkung. Bei dieser Technik handelt es sich um einen Auszug aus der ACT (Akzeptanz- und Commitment-Therapie), ein sehr komplexes Verfahren, das u. a. Achtsamkeitsmethoden nutzt.

Die Akzeptanz- und Commitment-Therapie (ACT) ist ein Ansatz, der in der Psychotherapie eingesetzt wird, um innere Blockaden aufzulösen und neue Sichtweisen und Verhaltensweisen zu erlernen. Zitat: „ACT hat diesen Namen, weil sie uns lehrt, die Wirkung und den Einfluss schmerzhafter Gedanken und Gefühle zu reduzieren (Akzeptanz), während wir zugleich handeln, um ein Leben aufzubauen, das reich, erfüllt und sinnvoll ist (Commitment)" (Harris 2020, S. 20, ACT leicht gemacht). Man geht davon aus, dass der Klient aufgrund fehlender Flexibilität und ungenügender Fertigkeiten feststeckt in Prozessen, die in immer wiederkehrenden Mustern zu Leid und Unglück führen. Der Klient soll lernen, sich selbst und die aktuelle Problematik vollständig anzunehmen und flexible Perspektiven und Sichtweisen zu entwickeln. Eine Entwertung des Klienten, dass er krank ist und geheilt werden muss, findet nicht statt. Die Grundüberzeugung besteht darin, dass jeder Klient alles in sich trägt, um zu seinen eigenen Lösungen zu finden und sie anzuwenden. Der wichtigste Wirkfaktor besteht darin, präsent zu sein und alles anzunehmen, was in dieser Präsenz wahrgenommen wird. Diese Haltung ermöglicht es einem, aus Kampf und Abwehr herauszukommen. Damit ist es dem Klienten möglich, statt aus Ärger, Wut oder Angst in Ruhe und Gelassenheit das Problem zu betrachten. Dieser Prozess besteht aus folgenden **3 Schritten:**

1. **Bewusstes Erkennen**

Der Klient hat die Aufgabe, sich bewusst zu machen, was er in der für ihn schwierigen Situation denkt und fühlt. Es können Gedanken und Gefühle aus der Vergangenheit, aus der Zukunft, Bewertungen, Regeln, Gedanken und Gefühle zum Selbstkonzept auftauchen. Konkrete Fragen, die sich die Person stellen könnte, sind: Was fühle ich gerade? Worum handelt es sich genau: Ärger, Angst, Enttäuschung, Trauer, Scham, Schuld? Dabei sollte man so ehrlich und genau wie möglich sein. Jedes Gefühl darf da sein, es gibt kein falsches Gefühl. Wenn ein Gefühl da ist, macht es keinen Sinn zu denken, dass es jetzt nicht da sein sollte. Anschließend wird weiter geforscht. Welche Gedanken haben diese Gefühle ausgelöst? Was sagt mir mein Denken? Was taucht da in meinem Inneren auf? Was sind die schlimmsten, entwertendsten Dinge, die ich meinen Verstand sagen höre? Wie mischt er mich auf, was sagt er alles, um mir Angst zu machen oder um mich wütend werden zu lassen oder um mich in Depression und Hoffnungslosigkeit zu führen? (Harris 2020, S. 216)

2. **Einen Namen geben**

Im nächsten Schritt benennt die Person, was da gerade im Inneren passiert. Zum Beispiel: „Aha, da ist mein Kritiker am Werk! Oh, einer meiner ‚Lieblingsgedanken'. **Die** Geschichte schon wieder. Da ist mal wieder sehr viel los in meinem Kopf. Jetzt ist ‚Quatschkopf' so richtig in Fahrt. Mein Schwarz-Weiß-Denken ist wieder aktiviert." Es soll ein Begriff gefunden werden, wie diese Gedanken eingeordnet werden können (Harris 2020, S. 264 ff.). Ihrer Fantasie sind keine Grenzen gesetzt. Wählen Sie einen provokativen, lustigen, dramatischen, frechen Namen.

3. **Sich lösen**

Im 3. Schritt kann man sich fragen: „Wenn ich diesen Gedanken folge, werden sie eine positive, hilfreiche, wohltuende Wirkung auf mich und meine Umwelt ausüben?

Werden diese Gedanken kurz- oder langfristig dafür sorgen, ein glückliches Leben zu führen? Entspricht dieser Gedanke meinen Werten und Normvorstellungen? Hilft mir diese „Lieblingsgeschichte, dieser Egon, dieser Quatschkopf", so zu leben, wie ich das möchte, dass es mir dabei gutgeht und ich zufrieden sein kann? Kann ich mit diesen Gedanken in dieser Situation meine beste Version von mir zeigen?" Wenn all diese Fragen mit Nein beantwortet werden, so hilft mir diese Erkenntnis, vom ursprünglichen Gedanken loszulassen.

Sollte es in der Kommunikation mit Ihrem Gesprächspartner zu Störungen gekommen sein (Sie fühlen sich im Gespräch unwohl, verärgert, ungeduldig, angespannt, unsicher etc.), so können Sie mithilfe der oben genannten **3 Schritte** diese Störungen auflösen, um wieder in ein konstruktives Miteinander zurückzufinden.

Das Ziel dieses Ansatzes besteht darin, Abstand zu bekommen von den Gedanken und Gefühlen. Ich kann lernen, mich nicht in die Gedanken und Gefühle zu verstricken, sondern aus einer Art Beobachterposition diesen Strom der Gedanken wahrzunehmen, aber mich nicht von ihm bestimmen oder leiten zu lassen. Nicht meine Gedanken und Gefühle dürfen mich kontrollieren, sondern ich selbst halte die Kontrolle über meine Gedanken. Ich kann lernen, aus meinen typischen Gedankenmustern auszusteigen und zwar nicht dadurch, dass ich gegen sie kämpfe, sondern dadurch, dass ich sie vollständig akzeptiere. Diese Fragen sollte man sich anfänglich außerhalb der schwierigen Gesprächssituation stellen. Vielleicht denkt man abends in Ruhe noch einmal über die Störung mit dem bestimmten Gesprächspartner nach. Es braucht zunächst etwas Zeit, sich diese Inhalte bewusst zu machen. Mit ein wenig Übung gelingt es dann immer schneller, sich Gedanken und Gefühle bewusst zu machen, den „Quatschkopf, die inneren Schweinehunde oder Kritiker" zu identifizieren. So kann man mit der Zeit direkt in den Gesprächen Korrekturen vornehmen, gestörte Kommunikationen unmittelbar korrigieren, indem man sich sehr schnell von Gedanken und Gefühlen, die einem nicht guttun, distanziert.

Wie Sie, lieber Leser, liebe Leserin, diese 3 Schritte **einfach und hilfreich in Ihren Alltag** integrieren können, beschreiben wir jetzt wieder mithilfe eines konkreten Beispiels.

5.1 Anwendungsbeispiel

Lisa ist mit ihrer Freundin beim Shoppen unterwegs. Lisa möchte einen neuen Hosenanzug für sich kaufen, den sie beruflich braucht. Die beiden sind schon etwas länger unterwegs, haben noch nichts Passendes gefunden. Bei der Anprobe eines weiteren Anzugs, der auch wieder nicht gefällt und passt, macht die Freundin folgende Bemerkung: „Sag mal, dein Körper hat sich irgendwie verändert, machst du mehr Sport oder hast du zugenommen?" Lisa gerät sofort in Ärger und Angst. Eine Menge Gedanken schießen ihr durch den Kopf. Sie spürt, wie sie ihre Freundin angreifen und kritisieren will. Bevor sie sich von dieser Reaktion hinreißen lässt, geht sie zurück in ihre Umzugskabine, atmet 2-mal tief durch und entscheidet sich, die 3 Schritte anzuwenden.

1. **Bewusstes Erkennen**

Sie richtet ihre Wahrnehmung nach innen auf ihre Gefühle und Gedanken. Sie stellt fest, wie wütend sie auf sich selbst und ihre Freundin ist. Sie fragt sich weiter, welche ihrer Gedanken diese Gefühle auslösen, und stellt fest, dass ihre Gedanken um das Thema „Zugenommen" kreisen, Gedanken wie „Ich bin einfach zu dick, ich habe mich in letzter Zeit so angestrengt abzunehmen, es funktioniert einfach nicht. Jetzt sehen schon andere, dass ich eine unmögliche Figur habe. Wie kann meine Freundin mir nur so etwas sagen? Ich bin es ja gewohnt, dass andere mich kritisieren, nicht mögen, das war ja schon in meiner Kindheit so. Ich bin einfach nicht gut genug."

2. Einen Namen geben

Lisa fragt sich, wie sie diesen Teil, der ihr solche Gedanken eingibt, nennen könnte. Sie entscheidet sich für den Begriff: „Mein Entwerter, Franz"!

3. Sich lösen

Lisa stellt sich die Frage: „Wenn ich diesen Gedanken folge, werden sie eine positive, hilfreiche, wohltuende Wirkung auf mich und meine Freundin ausüben? Werden diese Gedanken kurz- oder langfristig dafür sorgen, ein glückliches Leben zu führen?" Sie hat sich diese Fragen noch nicht ganz gestellt, da tauchen schon ihre Antworten auf. „Natürlich nicht!" Sie muss schmunzeln. Sie hat ihren Entwerter Franz ertappt und übernimmt wieder die Führung. Lisa bemerkt, wie sie ihren Ärger loslassen kann und sich selbst und ihrer Freundin wieder wertschätzend begegnen kann. Damit hat sie es geschafft, einen eskalierenden Streit mit ihrer Freundin oder auch abwärtslaufende Spiralen der Selbstabwertung zu verhindern.

5.2 Take Home Message

Mit den vorgestellten 3 Schritten aus der ACT (Akzeptanz- und Commitment-Therapie) gelingt es jedem Gesprächspartner, sich von negativen Gedanken und Gefühlen, die die Kommunikation beeinträchtigen, zu lösen. Das Sichbewusst-Machen der eigenen Interpretationen und Bewertungen, die Benennung dieser Geschichten und das Infragestellen dieser Inhalte ermöglichen eine schnelle Korrektur der Gedanken und damit wieder eine bessere Verständigung.

Literatur

Harris, R. (2020). *ACT leicht gemacht*. Arbor Verlag.

6

Energetische Psychologie

Kapitel 6 macht Sie mit einer wirkungsvollen Klopftechnik vertraut, die negative Emotionen in Minutenschnelle reduzieren kann. Durch sanftes Beklopfen bestimmter Meridianpunkte lernen Sie, Stress abzubauen, Ängste zu lindern und innere Blockaden zu lösen. Diese leicht erlernbare Methode aus der Energetischen Psychologie können Sie überall als Selbsthilfe einsetzen, um Ihr emotionales Gleichgewicht zu stärken.

Hier kommt die nächste Möglichkeit zur Selbstkontrolle in Gesprächen. Auch diese Technik kann dabei helfen, sich in emotional aufwühlenden kommunikativen Situationen zu beruhigen und wieder zur Klarheit zurückzufinden, um neue Ideen und Impulse entwickeln zu können.

Ergänzende Information Die elektronische Version dieses Kapitels enthält Zusatzmaterial, auf das über folgenden Link zugegriffen werden kann [https://doi.org/10.1007/978-3-662-71339-6_6]. Die Videos lassen sich durch Anklicken des DOI-Links in der Legende einer entsprechenden Abbildung abspielen, oder indem Sie diesen Link mit der SN More Media App scannen.

© Der/die Autor(en), exklusiv lizenziert an Springer-Verlag GmbH, DE, ein Teil von Springer Nature 2025
A. Collatz, E. Weinrich, *Angst überwinden, Nähe erleben*,
https://doi.org/10.1007/978-3-662-71339-6_6

Die Grundlagen der Energetischen Psychologie sind aus der Traditionellen Chinesischen Medizin (TCM) übernommen worden. Die TCM, eine seit über 4000 Jahren bestehende Therapieform, geht davon aus, dass es ein Energiefeld gibt, in dem unsere Lebensenergie, Qi, fließt. Dieses Energiefeld besteht aus Energiebahnen, den Meridianen. Das Meridiansystem besteht aus 15 Hauptmeridianen, die unseren Organen und Funktionskreisen zugeordnet sind. Ein ungestörter Fluss von Qi bedeutet Harmonie und Gesundheit. Kommt es zu Störungen im Energiefluss, so entstehen Störungen in körperlichen und emotionalen Bereichen, der Mensch wird krank. Auf den Meridianbahnen liegen viele verschiedene Meridianpunkte, insgesamt 400. Man kann diese Meridianpunkte positiv beeinflussen. Entweder mit **Akupunktur (man setzt Nadeln in die Meridianpunkte) oder Akupressur (man beklopft die Meridianpunkte)**. Energieblockaden werden dadurch aufgehoben, sodass das Qi wieder ungehindert fließen kann. Störungen auf körperlicher oder emotionaler Ebene lösen sich wieder auf.

In Tab. 6.1 sind jeweils die Endpunkte zu den 15 verschiedenen Meridianen aufgelistet.

Die Energetische Psychologie vertritt die These, dass jedes negative Gefühl und das dazu gehörende destruktive Gedankenmuster durch eine Störung im Meridiansystem entsteht. Durch das Auflösen von Energieblockaden, dazu wird in der Energetischen Psychologie ausschließlich die Akupressur genutzt, verschwinden die negativen Gefühle und die damit verbundenen dysfunktionalen Gedankenmuster. Starke Belastungen und Einschränkungen im Denken und Fühlen verschwinden durch das Beklopfen von Meridianpunkten.

G. Goodheart, R. Callahan, J. Diamond, C. Craig und F. Gallo gelten als Pioniere dieses Verfahrens und waren bereits in den 1950er-Jahren als Wegbereiter dieses Ansatzes tätig. Einen Überblick über die Methoden und Ent-

Tab. 6.1 Überblick über relevante Meridian-Endpunkte

Auf der Augenbraue am Innenwinkel	Blasenmeridian
Seitlich am Auge	Gallenblasenmeridian
Unter dem Auge	Magenmeridian
Unter der Nase	Gouverneursgefäß
Unter der Unterlippe	Zentralgefäß
Unter dem Schlüsselbein	Nierenmeridian
In der Mitte des Brustbeins	Thymuspunkt
Unter dem Arm, eine Handbreit unter der Achsel	Milz-Pankreasmeridian
Unterhalb der Brust	Lebermeridian
An der Nagelfalz des Daumens	Lungenmeridian
An der Nagelfalz des Zeigefingers	Dickdarmmeridian
An der Nagelfalz des Mittelfingers	Kreislauf-Sexusmeridian
An der Nagelfalz des kleinen Fingers	Herzmeridian
An der Handkante	Dünndarmmeridian
Auf dem Handrücken zwischen dem kleinen und Ringfingerknochen	Dreifach-Erwärmer

wicklungen dieses Ansatzes bieten Gallo, Feinstein oder Hartmann (Gallo 2000; Gallo & Vicenzi 2007; Feinstein et al. 2007; Hartmann 2003; Hartmann 2004). Bis heute hat eine bemerkenswerte Weiterentwicklung dieser Grundlagen stattgefunden. So ist in den letzten Jahren besonders der Ansatz von M. Bohne (Bohne 2010) hervorzuheben. Er hat die Energiearbeit mit psychodynamisch-systemischen Ansätzen aus der Psychotherapie verbunden. Um auf die Komplexität dieses Verfahrens aufmerksam zu machen, werden Wirkprinzipien dieses Verfahrens vorgestellt. Neben der energetischen Komponente werden von Bohne eine Reihe weiterer wichtiger Wirkprinzipien genannt (Bohne 2007, S. 27 ff.). Tab. 6.2 bietet einen Überblick über diese Prinzipien.

Hier wird deutlich, um was für ein vielschichtiges und komplexes Verfahren es sich handelt, worin u. a. auch seine herausragende Wirksamkeit begründet liegt.

Wirft man nun einen Blick auf die **Anwendung der Klopftechnik**, so zeigt sich, dass verschiedene Vorgehensweisen und Muster beim Beklopfen der Meridianpunkte be-

Tab. 6.2 Wirkprinzipien der Energetischen Psychologie

Energetisches Wirkprinzip	• Akupunktur- bzw. Meridianpunkte werden durch Klopfen aktiviert • Diese Punkte zeichnen sich durch eine besondere Hautleitfähigkeit, durch eine erhöhte Nervendichte und durch eine Vernetzung mit dem limbischen System aus
Neurobiologisches Wirkprinzip	• Durch die Aktivierung des negativen Gefühls und vieler verschiedener neuronaler Aktivitäten kommt es zu einer Verstörung und Reorganisation neuronaler Netzwerke und damit zur Auflösung bestimmter emotionaler und kognitiver Muster
Biochemisches Wirkprinzip	• Durch das Klopfen, sprich: durch die Selbstberührung werden Serotonin und Dopamin im Gehirn freigesetzt, Stoffe, die positive Gefühle bewirken
Entspannungsprinzip	• Die beschriebenen Auswirkungen auf unser Nervensystem lösen Entspannung aus. Stress, Belastung und negative Gefühle können nicht gleichzeitig mit Entspannung auftreten

nutzt werden. Die Techniken unterscheiden sich durch das Ausmaß des Beklopfens und die Verbindungen von Meridianpunkten. In einigen Techniken werden alle 15 Punkte beklopft, in anderen 4, in einem Ansatz werden spezifische Punkte herausgefunden, bevor diese dann beklopft werden. Bei Interesse zur weiteren Vertiefung sei dazu auf die Bücher von Gallo und Bohne verwiesen. Zu unseren Zwecken der Selbstregulation und Selbstkontrolle greifen wir auf ein sowohl einfaches als auch wirksames Verfahren zurück. Wir stellen hier eine von uns abgewandelte Technik vor. Grundlegende Schritte wie das **Benennen des Problemsatzes, die Selbstannahme und das Beklopfen bestimmter Meridianpunkte** werden dabei in leicht abgewandelter Form übernommen. In unserer langjährigen Arbeit mit unseren Klienten und Coachees haben wir diese sehr **einfache und alltagstaugliche Form** der Energetischen Therapie entwickelt. Das energetische Muster des „**Schläfenklopfens**" kommt dabei zur Anwendung (Eden & Feinstein 2009). Bevor der konkrete Ablauf dieser Vorgehensweise dargestellt wird, werden die grundlegenden Schritte beschrieben.

- **Benennung des Problemsatzes und des damit verbundenen Gefühls**

Stellt man während eines Gesprächs fest, dass man sich nicht mehr wohlfühlt, so macht man sich zunächst bewusst, wie auch schon bei den anderen Techniken, welche inneren Prozesse ablaufen. Dazu fragt man sich: Was fühle ich gerade? Wie heißt das Gefühl? Ist es Sorge, Angst, Ärger, Trauer, Schuld- oder Schamgefühl? Wenn man z. B. feststellt, dass Angst aufgetaucht ist, so fragt man sich im nächsten Schritt: Wovor habe ich Angst, was genau beunruhigt mich? Damit benennt man den Problemsatz. Ein Problemsatz lautet z. B.: Ich habe Angst, dass der andere mich kritisiert. Oder: Ich bin traurig, weil ich wieder mal nicht verstanden werde. Im Anschluss wird dieser Problemsatz bezüglich seiner Belastung auf einer Stress-Skala von 1 bis 10 eingeschätzt (1 bedeutet keine Belastung, 10 bedeutet unerträglich schlimm). Damit bestimmen wir einen Referenzpunkt und können überprüfen, wie sehr der Stress nach dem Klopfen gesunken ist.

- **Selbstannahme**

Mit dem herausgearbeiteten Problemsatz geht man nun in den nächsten Schritt. Dazu legt man die rechte Hand auf sein Herz und aktiviert mit kreisenden Bewegungen die dort liegenden Meridianpunkte. Dabei wird folgender Satz mehrfach laut ausgesprochen: *„Auch wenn ich das Problem XX habe (z. B. Angst habe, dass ich kritisiert werde), nehme ich mich so an, wie ich bin und entscheide mich dafür, in angemessener Zeit* *diese Angst zu überwinden.*" Diese Selbstannahme führt unmittelbar zu einer spürbaren Entlastung und Entspannung. Man kann zu sich stehen, egal, was ist, man muss sich nicht mehr verstellen, man kann authentisch, offen und ehrlich sein. Sie, liebe Leserin, lieber Leser, werden feststellen, dass es, wenn Sie mit dieser Methode vertraut und geübt sind, oftmals schon ausreicht, nur diesen Schritt zu machen, um sich wieder besser und damit konzentrierter zu fühlen.

- **Aktivierung der Meridianpunkte**

Nun werden Meridianpunkte beklopft, die sich, in einem Bogen beginnend, an den Schläfen oberhalb der Ohren bis zum Hinterkopf befinden. Es wird ein Halbkreis um die Ohren herum beklopft. Die dabei aktivierten Meridianpunkte haben Wirkung auf den sogenannten „Dreifach-Erwärmer". Dieser Meridianpunkt beeinflusst unsere Fähigkeit, mit Stress umzugehen, und hat einen positiven Einfluss auf unser Immunsystem. Bei Stress, d. h. Kampf-, Flucht- oder Erstarrungsreaktion (siehe dazu Abschn. 1.2.3), ist die Aktivierung dieses Punktes hilfreich, um wieder in Ruhe und Entspannung zurückzufinden. Zusätzlich wird durch das Klopfen des linken und des rechten Ohres mit der jeweils gegenseitigen Hand eine bilaterale Stimulierung der beiden Gehirnhälften bewirkt. Das führt dazu, dass Glaubenssätze, sprich: Problemsätze verstört und neue Sichtweisen einfacher aufgenommen und angenommen werden.

Begonnen wird immer damit, dass man mit der rechten Hand im Bogen über dem linken Ohr klopft. Der Problemsatz wird dazu in **verneinender Aussage** laut ausgesprochen. Ein Beispiel für einen verneinenden Satz lautet: „Ich bin ohne Angst, kritisiert zu werden" oder „Ich höre auf, traurig zu sein bei Kritik". Dieser Satz wird 5- bis 7-mal laut ausgesprochen.

Anschließend wird mit der linken Hand über dem rechten Ohr geklopft, dieses Mal wird eine **positive Aussage** 5- bis 7-mal laut ausgesprochen. Sätze wie: „Und jetzt gehe ich selbstbewusst und sicher in das Gespräch mit meinem Kollegen" oder „Ich bin mutig, sicher und geschützt". Im Anschluss wird wieder auf der Stress-Skala eingeschätzt, wie belastend der Problemsatz noch ist. Es sollte ein Wert zwischen 1 und 3 erreicht werden.

Die genaue Vorgehensweise zur Bearbeitung einer Störung wird nun beschrieben. Zum besseren Verständnis haben wir an dieser Stelle auch ein Video angefügt, sodass Sie, liebe Leserin, lieber Leser, an einem Beispiel sehen können, wie die Klopftechnik funktioniert. Der Ablauf sieht folgendermaßen aus und sollte auch immer in dieser Reihenfolge praktiziert werden.

1. Benennung des Problemsatzes – so kurz und prägnant wie möglich.
2. Das Stresslevel des Satzes auf der Stress-Skala einschätzen.
3. 3-mal tief durchatmen, während man auf den Problemsatz konzentriert bleibt.
4. Die rechte Hand wird in die Mitte der Brust gelegt und 2- bis 3-mal laut ausgesprochen: „Auch wenn ich dieses Problem (z. B. Angst habe, kritisiert zu werden) mit mir trage, nehme ich mich so an wie ich bin und beabsichtige, diese Problematik so schnell wie möglich und so langsam wie nötig zu überwinden."
5. Anschließend wird mit der rechten Hand 5- bis 7-mal ein Halbkreis über dem linken Ohr von vorn nach hinten beklopft. Dabei wird die Verneinung des Problemsatzes bei jeder Wiederholung laut ausgesprochen. Beispielsweise: „Ich bin ohne Angst, kritisiert zu werden."
6. Jetzt wird ein positiver Satz formuliert. So kann überlegt werden, was man z. B. fühlen und denken wird, wenn die Angst, kritisiert zu werden, vollständig verschwunden

ist. So ein Satz könnte lauten: „Ich fühle mich in Gesprächssituationen sicher und geschützt." Dieser Satz wird wieder 5- bis 7-mal laut ausgesprochen, während man jetzt mit der linken Hand einen Halbkreis über dem rechten Ohr klopft.
7. Im Anschluss bleibt man noch für 1–2 Minuten auf den positiven Satz konzentriert und nimmt im Inneren wahr, was für Veränderungen in den Gedanken, Gefühlen und körperlichen Empfindungen auftauchen. Das Stresslevel wird eingeschätzt. Es sollte ein Maß zwischen 1 und 3 erreicht werden.
8. Dieses Schläfenklopfen kann an einem Tag mehrfach wiederholt werden.
9. Der gesamte Ablauf sollte an den folgenden Tagen so oft wiederholt werden, bis man das Gefühl hat, dass der neue positive Satz vollständig angenommen werden kann.

Dieser Ablauf kann mehrfach wiederholt werden, bis ein Wert von 1–3 auf der Stress-Skala erreicht ist. In den meisten Fällen ergeben sich schon nach dem ersten Durchlauf bedeutsame Veränderungen. Diese Veränderungen bewirken zum einen eine unmittelbare Entspannung und Beruhigung. Zum anderen werden zukünftige Gespräche in einem ähnlichen Kontext oder auch mit demselben Gesprächspartner einfacher, ungestörter und konstruktiver ablaufen.

Sollten sich trotz mehrfacher Wiederholung **keine Veränderungen** ergeben, so weist das darauf hin, dass noch andere Problemaspekte in diesem Zusammenhang mit beachtet werden müssen. Dabei handelt es sich meistens um **Ärger oder Wut**. Ein weiterer Problemsatz wird jetzt erarbeitet. Folgende Fragen helfen, den passenden Satz zu finden:

- „Worüber genau ärgere ich mich in dieser Situation?"
- „Was für Vorwürfe mache ich meinem Gegenüber und/oder mir selbst?"

So kann sich z. B. der Gesprächspartner, der Angst gefühlt hat, gleichzeitig auch ärgern, dass sein Gegenüber so unverschämt ist und ihn angreift. Der Problemsatz kann dann lauten: „Ich bin wütend, dass mein Gegenüber so unverschämt ist!" Dieser Problemsatz wird nun bearbeitet, man startet wieder mit dem ersten Schritt. Anschließend wird erneut eingeschätzt, wie belastend die Problematik nun ist. Das Ganze wird so lange wiederholt, bis die gewünschte Entspannung und Beruhigung einsetzt. In den meisten Fällen wird man mit einem oder zwei Problemsätzen arbeiten. Allerdings gibt es manchmal auch komplexe Problematiken, die mehrere Durchgänge erfordern. Insgesamt betrachtet hilft die **Anwendung der Energiemethode** meistens sehr schnell, um für viel Klarheit und Entspannung zu sorgen. Spielen Sie gern mit dieser Methode, man kann dabei nichts falsch machen. Das Schlimmste, das passieren kann, ist, dass es nicht sofort wirkt.

Um sich mit dem Verfahren vertraut zu machen, macht es Sinn, sich in einer ruhigen Minute eine schwierige Situation aus dem Tagesgeschehen vorzunehmen und diese mit den verschiedenen Schritten zu bearbeiten. Mit der Zeit kann diese Technik immer schneller eingesetzt und genutzt werden. Natürlich wird man nicht während eines Gesprächs anfangen zu klopfen, aber manchmal reicht es schon aus, die Hand auf das Herz zu legen, um darüber eine erste Entspannung herzustellen. Wenn Sie bereit sind, z. B. wie in einem Ritual jeden Abend die ein oder andere schwierige Situation zu bearbeiten, so werden Sie jedes Mal kleinere Blockaden auflösen, sodass größere Störungen erst gar nicht entstehen können.

6.1 Anwendungsbeispiel

Zur weiteren Verdeutlichung werden nun wieder **Beispiele aus dem Leben von Lisa und Max** angeführt. Wir beginnen mit einer Situation aus Lisas Leben.

- **Lisa** hat Feierabend, sie ist erschöpft und müde, freut sich auf einen entspannten Abend, möchte abhängen, sich mit nichts und niemandem mehr beschäftigen. Ihre Mutter ruft an. Lisa würde am liebsten gar nicht ans Telefon gehen, weil sie weiß, dass ihre Mutter sich um sie sorgt und sie mit hartnäckigen Fragen nach ihrem Wohlbefinden nervt, ihr ständig gute Ratschläge gibt, was sie alles tun und lassen sollte. Sie geht trotzdem ans Telefon und schon bei den ersten Sätzen ihrer Mutter, merkt sie, dass sie sich ärgert und traurig wird. Sie hört den Satz ihrer Mutter: „Kind, bist du schon wieder allein? Geh raus, triff dich mit den anderen, unternimm was Schönes." Lisa greift ihre Mutter an, sie solle sie in Ruhe lassen, sie wisse selbst, was für sie gut ist. Es entwickelt sich ein Streit, in dem sich beide nicht verstanden fühlen. Nach kurzer Zeit beendet Lisa aufgebracht das Gespräch. Ihre Entspannung und Freude auf einen ruhigen Abend sind dahin. Lisa entscheidet sich, mit der Klopfmethode an sich zu arbeiten, in der Hoffnung, darüber wieder in die Entspannung zurückzufinden.
- Sie formuliert als Erstes den Problemsatz. Das ist oftmals der schwierigste Teil. Sie spürt, wie viel Ärger und Wut in ihr ist, sie findet folgende Worte: „Ich bin wütend auf meine Mutter, weil sie mir ständig Vorhaltungen macht und mich behandelt wie ein kleines Kind!" Sie schätzt auf der Stress-Skala den Belastungswert ein. Er liegt bei 8.
- Sie atmet 2- bis 3-mal tief ein und aus, während sie auf den Problemsatz konzentriert ist.
- Sie bringt diesen Problemsatz in die Selbstannahme: „Auch wenn ich richtig wütend auf meine Mutter bin,

weil sie mir ständig Vorhaltungen macht und mich behandelt wie ein kleines Kind, nehme ich mich so an wie ich bin, und beabsichtige, diese Wut so schnell wie möglich und so langsam wie nötig zu überwinden." Sie hat ihre rechte Hand auf ihr Herz gelegt und spricht 2- bis 3-mal diesen Satz laut aus.

- Sie bringt nun den Problemsatz in die Verneinung: „Ohne Wut reagiere ich auf die Vorhaltungen meiner Mutter, ohne Wut reagiere ich auf das, was meine Mutter mir sagt." Lisa beginnt, mit ihrer rechten Hand einen Halbkreis um ihr linkes Ohr zu klopfen. Sie spricht 5- bis 7-mal diesen Satz laut aus, während sie kontinuierlich den Halbkreis beklopft.
- Jetzt wird der positive neue Satz formuliert: „Ab heute reagiere ich selbstbewusst und gelassen auf alle Vorschläge und Vorhaltungen meiner Mutter." Anschließend wird mit der linken Hand der Halbkreis über dem rechten Ohr geklopft. Der neue Satz wird dabei mindestens 5- bis 7-mal laut wiederholt.
- Im Anschluss bleibt Lisa noch 1 oder 2 Minuten ruhig auf den neuen Satz konzentriert und nimmt wahr, was sich in Körper, Geist und Emotionen alles ändert. Sie bestimmt den Stresswert, der jetzt nur noch bei 3 liegt. Sie stellt fest, dass ihre Atmung ruhiger geht, der Herzschlag sich wieder verlangsamt, die Muskulatur sich entspannt. Sie denkt mit einem Lächeln an ihre Mutter und weiß, dass ihre Mutter ihr nicht schaden will, sondern aus Sorge um sie handelt. Sie spürt, wie sie wieder versöhnlich mit ihrer Mutter verbunden ist. Sie bemerkt den Wunsch, ihre Mutter anzurufen, um die Spannungen wieder auszuräumen. Dabei legt sie in Ruhe ihre Sichtweise dar, sie äußert klar und bestimmt ihre Wünsche, sie macht Vorschläge, wie zukünftig die Gespräche zu diesem Thema anders verlaufen könnten. Es entstehen Ideen, wie Lisa und ihre Mutter sich liebevoll begegnen können. Anschließend genießt Lisa ihren Feierabend.

Ein Beispiel aus **Max'** Alltag.

Max unterhält sich in der Mittagspause mit einem Kollegen. Dieser erzählt ihm von seinem Hausbau. Der Kollege ist begeistert von seinem Projekt, man muss in keinem Bereich sparen, es werden nur hochwertige und damit teure Materialien verwendet. Max weiß, dass dieser Kollege viel Geld geerbt hat, sodass neben dem Hausbau auch teure Autos gefahren werden und man sich viele Reisen gönnt. Max bemerkt recht schnell, wie er neidisch und traurig wird. Im Gespräch wird er immer einsilbiger und beendet es zügig mit einer Ausrede. Im Anschluss nutzt Max die Möglichkeit, sich wieder emotional zu regulieren, um in sein inneres Gleichgewicht zurückzufinden.

- Er formuliert zunächst seinen Problemsatz und bestimmt den Stresswert. Er kommt zu folgendem Satz: „Ich fühle mich minderwertig, weil ich nicht so reich bin wie mein Kollege." Der Stresswert liegt bei 7.
- Er atmet 3-mal tief ein und aus und bleibt dabei auf den Problemsatz konzentriert.
- Jetzt legt er seine rechte Hand auf sein Herz und spricht 2- bis 3-mal die Selbstannahme: „Auch wenn ich mich minderwertig fühle, weil ich nicht so reich bin, nehme ich mich so an wie ich bin und beabsichtige, dieses Minderwertigkeitsgefühl so schnell wie möglich und so langsam wie nötig zu überwinden."
- Max sucht die passende Version für den verneinenden Satz. Er entscheidet sich für: „Ohne Minderwertigkeitsgefühle begegne ich ab jetzt meinem Kollegen". Er spricht diesen Satz 5- bis 7-mal laut aus, während er mit der rechten Hand über dem linken Ohr den Halbkreis beklopft.
- Max wählt einen neuen positiven Satz aus: „Ich begegne in Zukunft meinem Kollegen mit Selbstbewusstsein und Selbstsicherheit." Dieser Satz wird 5- bis 7-mal laut ausgesprochen, während jetzt mit der linken Hand über dem rechten Ohr geklopft wird.

- Max nimmt sich 1–2 Minuten, um in Ruhe auf den positiven Satz konzentriert zu bleiben. Er bestimmt währenddessen den Stresswert. Er denkt an seinen Kollegen mit dessen Hausbau und stellt fest, dass er nur noch mit einem Wert von 1 reagiert. Er beginnt sich zu entspannen. Er kann sich von seinem Kollegen distanzieren, hört auf, sich mit ihm zu vergleichen. Er stellt fest, dass sich die Entspannung weiter ausbreitet, er wird zunehmend ruhiger. Es tauchen Gedanken auf, die da lauten: „Mein Selbstwert ist doch nicht davon abhängig, wie viel Geld mir zur Verfügung steht! Ich bin dankbar für mein schönes Zuhause, für meine wundervolle Familie." Er muss über sich schmunzeln und hat damit sein Ziel, wieder in seiner inneren Balance anzukommen, erreicht. Die Belastung ist auf den Wert 0 gesunken. Seinem Kollegen kann er freundlich und zugewandt begegnen.

Wer sich dieses Verfahren einmal anschauen möchte, kann sich in unserem Video dazu einen ersten Eindruck verschaffen.

(▶ https://doi.org/10.1007/000-hf9)

6.2 Take Home Message

Treten belastende Gefühle und negative Gedanken auf, so geht die Energetische Psychologie von Blockaden im Energiesystem aus. Durch Beklopfen bestimmter Meridianpunkte werden diese Blockaden aufgehoben, was zur Korrektur der Gefühle und Gedanken führt. Stellt man in Gesprächen fest, dass man von einem entspannten Zustand abweicht, so kann mithilfe des Schläfenklopfens ein neutraler oder sogar positiver Zustand wiederhergestellt werden. Zu Beginn wird man die schwierige Situation zunächst im Nachhinein bearbeiten. Mit etwas Übung ist man in der Lage, auch unmittelbar während des Gesprächs eine Korrektur vorzunehmen. Der Ablauf ist immer gleich: Benennung des Problemsatzes, Annehmen des Gefühls und des Problemsatzes, die Meridianpunkte links beklopfen, während ein komplementärer Satz ausgesprochen wird, die Meridianpunkte rechts mit einem positiven Satz beklopfen und anschließend beobachten, wie das Stresslevel fällt. Mit Übung wird dieses Verfahren so automatisiert, sodass es für eine Korrektur oft schon reicht, nur ein oder zwei Punkte zu bearbeiten.

Literatur

Bohne, M. (2007). *Feng Shui gegen das Gerümpel im Kopf.* Rowohlt Verlag.

Bohne, M. (Hrsg.). (2010). *Klopfen mit PEP. Prozessorientierte Energetische Psychologie in Therapie und Coaching.* Carl-Auer-Verlag.

Eden, D., & Feinstein, D. (2009). *Energiemedizin für Frauen.* VAK Verlag.

Feinstein, D., et al. (2007). *Klopf die Sorgen weg.* Rowohlt Verlag.

Gallo, F. P. (2000). *Energetische Psychologie.* VAK Verlag.

Gallo, F. P., & Vicenzi, H. (2007). *gelöst-entlastet-befreit*. VAK Verlag.
Hartmann, S. (2003). *EmoTrance*. VAK Verlag.
Hartmann, S. (2004). *Emotionale Freiheit*. VAK Verlag.

7

Trance

Kapitel 7 entführt Sie in die Welt tiefer Entspannung und zeigt, wie Sie mit Trance-Techniken und inneren Bildern neue Kraft schöpfen können. In geführten Tranceübungen erleben Sie, wie sich Ihr Unbewusstes öffnen lässt, um alte Muster loszulassen und kreative Lösungen zu finden. Diese Reise nach innen fördert Ihre Selbstwahrnehmung und Gelassenheit – ein Werkzeug, das Ihnen in Stresssituationen ebenso wie zur persönlichen Weiterentwicklung dient.

In diesem Kapitel wird eine weitere Möglichkeit beschrieben, um aus einem inneren Ungleichgewicht wieder zurückzufinden in die Balance. Es geht um **Trance**. Mit Trance wird ein besonderer Bewusstseinszustand bezeichnet, der sich deutlich vom alltäglichen Bewusstseinszustand unterscheidet. In der Trance kann ein besonderer Zustand der

---

Ergänzende Information Die elektronische Version dieses Kapitels enthält Zusatzmaterial, auf das über folgenden Link zugegriffen werden kann [https://doi.org/10.1007/978-3-662-71339-6_7]. Die Videos lassen sich durch Anklicken des DOI-Links in der Legende einer entsprechenden Abbildung abspielen, oder indem Sie diesen Link mit der SN More Media App scannen.

© Der/die Autor(en), exklusiv lizenziert an Springer-Verlag GmbH, DE, ein Teil von Springer Nature 2025
A. Collatz, E. Weinrich, *Angst überwinden, Nähe erleben*,
https://doi.org/10.1007/978-3-662-71339-6_7

- Aufmerksamkeitsfocussierung erlebt werden.
- Die Körperwahrnehmung und das Zeitgefühl ändern sich.
- Die Vorstellungsaktivität wird intensiviert.
- Die Suggestibilität nimmt zu.
- Gefühle rücken mehr in den Vordergrund.
- Physiologische Prozesse ändern sich durch ein Herunterfahren des sympathischen Erregungsniveaus (Bongartz & Bongartz 1998, S. 37).

Über die Trance können wir in einen angenehmen Zustand der Ruhe mit gleichzeitig hoher Konzentration wechseln. Wenn wir uns in einem Problemzustand befinden und keine Lösungen erkennen, so ist es hilfreich, zunächst einmal für Ruhe zu sorgen: aus der Situation herauszugehen, sich Zeit zu nehmen und für Wohlbefinden zu sorgen. In einem Zustand der Trance lassen wir das Problem Problem sein, wir treten innerlich zurück, müssen nichts mehr tun. Wir eröffnen uns neue Räume, in denen fast von selbst Ideen und Alternativen auftauchen. Wie in Abschn. 1.2.3 beschrieben, nutzen wir damit die Fähigkeit des Gehirns, in Ruhe und Entspannung anders denken zu können. Der Top-Down-Effekt setzt ein, der uns kreatives, lösungsorientiertes, visionäres, konzentriertes Denken ermöglicht. Durch diesen Zustand des „Nichts-mehr-tun-Müssens" gelingt es uns, vom Sympathikus in den Parasympathikus zu wechseln, mit all den wohltuenden Effekten, die daraus entstehen. Wer sich mehr mit Hypnose und Trance beschäftigen möchte, der sei auf Bongartz und Bongartz (1998) und Revenstorf und Peter (2009) verwiesen.

Wir legen hier den Schwerpunkt auf die Praxis, d. h., wir bieten Ihnen, verehrte Leserin, verehrter Leser, die **Erfahrung einer Trance** an. Wir haben zwei verschiedene Trancen ausgesucht, die Ihnen ganz unterschiedliche Erfahrungen ermöglichen. Sie können zunächst den Text zur Trance lesen. Um in einen angenehmen Zustand der Trance zu gehen, sollten Sie es sich anschließend gemütlich machen, setzen Sie sich aufrecht hin, nehmen Sie sich Zeit (ungefähr 15 min) und hören Sie ungestört unseren Podcast an. Bei unseren Trancen haben wir Wert darauf gelegt, dass Sie die ganze Zeit über die Kontrolle in Ihren Händen halten. Sie können jederzeit aus dem Prozess aussteigen, falls Sie das Gefühl haben, dass irgendetwas stört. Einen weiteren Aspekt geben wir vorab zu bedenken. Gehen Sie ohne Erwartungen in die Trance. Während der Trance gibt es keine richtigen oder falschen Erfahrungen. Es geht vielmehr um die **Beobachtung der inneren Erfahrungen.** Dabei kann es z. B. sein, dass man zunächst nicht in die Ruhe kommt. Beobachten Sie dann bitte, was Ihnen stattdessen bewusst wird. Egal, was Sie in Ihrem Inneren beobachten, nehmen Sie es an und bleiben Sie neugierig, was alles auftaucht und sich verändern wird. Erlauben Sie es sich, dass alles, jedes Gefühl, jeder Gedanke, jede Empfindung, da sein darf. Wiederholen Sie diese Trance. Sie werden feststellen, dass mit jedem Mal die Erfahrung anders sein und sich vertiefen wird. Auch Trance kann geübt werden. Und jetzt viel Vergnügen mit diesen wunderbaren Trancen und ihren Erfahrungen dazu. (Menschen mit diagnostizierten psychischen Erkrankungen sollten diese Trancen in Absprache mit ihren Therapeuten oder vorsichtshalber nicht durchführen.)

7.1 Trance zur Tiefenentspannung

Setzen Sie sich aufrecht hin, die Füße sind nebeneinander abgestellt, Sie spüren den Boden unter Ihren Füßen, die Hände liegen in aller Ruhe auf Ihren Oberschenkeln. Möglich, dass Sie die Unterlage, auf der Sie sitzen, spüren und die Rückenlehne, den Stuhl, den Sessel wahrnehmen, der Sie jetzt trägt und stützt und schützt, sodass Sie loslassen können, Ihr ganzes Körpergewicht dem Stuhl/Sessel anvertrauen können. Es tut so gut, jetzt Zeit zu haben, Zeit nur für sich, Zeit, ohne etwas tun zu müssen, im Außen gibt es nichts mehr zu tun. Die Augen können geöffnet bleiben oder zufallen, lassen Sie Ihren Körper entscheiden, der weiß, was für Sie richtig ist. Sie können immer mehr zum Beobachter des inneren Geschehens werden, wie eine weise Person, die einem kleinen Kind beim Spielen zuschaut. Alle Gedanken, Emotionen, körperlichen Empfindungen dürfen genau so sein wie sie sind, liebevoll mitfühlend alles auftauchen lassen und loslassen, nichts von den Beobachtungen im Inneren hat eine besondere Bedeutung. Sich immer mehr diese Gleich-Gültigkeit erlauben. So wie das Ein- und Ausatmen kommt und geht, ist kein Atemzug wichtiger oder unwichtiger als der andere. Das Ein- und Ausatmen beobachten und spüren, wie die Atemzüge mit der Zeit tiefer werden, das Atemgeschehen sich selbst überlassen, den Atem kommen und gehen lassen, wie der Atmen das will und es der Atmung erlauben, eine beginnende Ruhe zu vertiefen und sich zu gestatten, in der Ruhe und Stille zu sitzen und nur noch den Rhythmus der Atmung zu beobachten.

Und mit der Zeit erfährt der Körper eine zunehmende tiefe Beruhigung. Der Körper kennt diese tiefe Beruhigung und er erinnert sich an das Gefühl der tiefen Beruhigung.

1. Und diese tiefe Beruhigung durchströmt den ganzen Körper.
2. Kopf und Bewusstsein werden durchströmt von tiefer Beruhigung, von tiefer Beruhigung.
3. Schultern, Arme und Hände werden durchströmt von tiefer Beruhigung, von tiefer Beruhigung.
4. Der ganze Rücken wird durchströmt von tiefer Beruhigung, von tiefer Beruhigung.
5. Der Brustbereich wird durchströmt von tiefer Beruhigung, von tiefer Beruhigung.

6. Die Körpermitte wird durchströmt von tiefer Beruhigung, von tiefer Beruhigung.
7. Das Becken wird durchströmt von tiefer Beruhigung, von tiefer Beruhigung.
8. Oberschenkel, Waden und Füße werden durchströmt von tiefer Beruhigung, von tiefer Beruhigung.

Und in dieser tiefen Beruhigung entsteht das Gefühl von Zuversicht. Der Körper kennt das Gefühl von Zuversicht und er erinnert sich an diese Erfahrung von Zuversicht.

1. Und die Zuversicht füllt den ganzen Körper aus, eine intensive Zuversicht.
2. Die Zuversicht füllt Kopf und Bewusstsein ganz aus, eine intensive Zuversicht.
3. Die Zuversicht füllt Schultern, Arme und Hände aus, eine intensive Zuversicht.
4. Die Zuversicht füllt den ganzen Rücken aus, eine intensive Zuversicht.
5. Die Zuversicht füllt den Brustbereich aus, eine intensive Zuversicht.
6. Die Zuversicht füllt den Bauch aus, eine intensive Zuversicht.
7. Die Zuversicht füllt den Beckenbereich aus, eine intensive Zuversicht.
8. Die Zuversicht füllt Oberschenkel, Waden und Füße aus, eine intensive Zuversicht.

Die Zuversicht bildet den Rahmen für ein wohltuendes Gefühl von Selbstvertrauen. Der Körper kennt die Erfahrung von Selbstvertrauen und er erinnert sich an diese Erfahrung, an dieses Gefühl.

1. Und das Selbstvertrauen breitet sich in Kopf und Bewusstsein aus, ein starkes Selbstvertrauen.

2. Das Selbstvertrauen breitet sich in Schultern, Armen und Händen aus, ein starkes Selbstvertrauen.
3. Das Selbstvertrauen breitet sich im Rücken aus, ein starkes Selbstvertrauen.
4. Das Selbstvertrauen breitet sich im Brustbereich aus, ein starkes Selbstvertrauen.
5. Das Selbstvertrauen breitet sich in der Körpermitte aus, ein starkes Selbstvertrauen.
6. Das Selbstvertrauen breitet sich im Becken aus, ein starkes Selbstvertrauen.
7. Das Selbstvertrauen breitet sich in den Oberschenkeln aus, ein starkes Selbstvertrauen.
8. Das Selbstvertrauen breitet sich in den Waden und Füßen aus, ein starkes Selbstvertrauen.

Gut, diese Erfahrungen, die jetzt in Ihnen sind, sind reale Erfahrungen, sind Ihre Erfahrungen, sind Seiten, die zu Ihnen gehören und sich ruhig immer wieder bewusst machen, ja, das bin ich, das sind meine Ressourcen, diesen Ressourcen gebe ich ab jetzt im Alltag immer mehr Raum, sodass tiefe Beruhigung, Zuversicht und Selbstvertrauen immer wieder auftauchen und für mich wirken können.

Je öfter Sie diesen Stärken und Ressourcen Raum geben, umso mehr werden Beruhigung, Zuversicht und Selbstvertrauen zu Ihrem alltäglichen Sosein und Dasein. Ihre tiefe Beruhigung, Ihre Zuversicht, Ihr Selbstvertrauen werden mehr und mehr zu Ihrer Basis und Ihrer Grundlage, aus der heraus Sie Ihre Entscheidungen treffen und handeln können.

Und wenn wir gleich diese Phase beenden, ist sie natürlich nicht zu Ende. Die gemachten wohltuenden Erfahrungen, die jetzt in Ihnen sind, bleiben weiter bestehen und werden weiterentwickelt, verankert und für Sie genutzt und eingesetzt. So wie auch das Atemgeschehen weitergeht, auch wenn man nicht bewusst darauf achtet. Und vielleicht werden Sie verwundert sein, wenn Sie im Anschluss feststellen, wie viele angenehme Veränderungsmöglichkeiten aus dieser Trance entstehen. Und vielleicht werden Sie verwundert sein, wenn Sie feststellen, dass schon sehr bald erste Veränderungsmöglichkeiten auftauchen werden. Und vielleicht werden Sie verwundert sein, wenn Sie im Anschluss feststellen, wie gut Sie sich nach dieser Übung fühlen.

Ich werde jetzt rückwärts von 3 bis 1 zählen, Sie wecken sich mit jeder Zahl ein wenig mehr auf, nehmen sich die Zeit, die Sie brauchen, um wieder ganz wach zu werden, ganz hier zu sein, ganz da zu sein. Bei 1 angekommen, haben Sie die Augen wieder geöffnet und Sie werden sich wach und frisch fühlen, wie nach einem kurzen erholsamen Schlaf. 3–2–1!

7.2 Trance mit Metapher

Da Trancen so wohltuend und auch recht einfach in den Alltag integrierbar sind, haben wir noch eine 2. Trance für Sie, liebe Leserin, lieber Leser, entworfen. Diese Trance beinhaltet eine kleine Geschichte, eine Metapher, die Ihr Unbewusstes aufnehmen und für Sie in Ihrem Alltag einsetzen wird. Metaphern, Bilder, Symbole haben im Gehirn eine intensivere Wirkung als Wörter oder Sätze. Bilder lösen komplexere Denkprozesse aus als rein kognitive, sprachlich dargebotene Inhalte. Wird eine Metapher verbunden mit einer Tiefenentspannung, so wird die Wirkung noch einmal verstärkt. Seien Sie neugierig, wie diese kleine Geschichte nach der Trance in ihrem Alltag auftauchen und was sie bewirken wird. Man kann bei der Trance niemals vorhersagen, was alles Schönes, Gutes, Sinnvolles im Anschluss geschehen wird. Also achten Sie auf kleine oder größere Veränderungen in verschiedenen Bereichen oder auf unterschiedlichen Ebenen. Sie können die Trance lesen, bevor Sie sie wieder in unserem Podcast hören. Vielleicht machen Sie es an dieser

Stelle auch andersherum und hören zunächst die Trance, um sich ganz offen und unvorbereitet auf den Text einzulassen.

Anleitung zur Trance
Machen Sie es sich gemütlich, setzen Sie sich bequem hin und atmen Sie zu Beginn 2- bis 3-mal tief ein und aus. Ihre Hände ruhen vielleicht auf Ihren Oberschenkeln, sodass Sie das Gewicht der Hände wahrnehmen können. Ihre Füße sind nebeneinander auf dem Boden abgestellt. Der Boden trägt sie, Ihr ganzes Körpergewicht können Sie an Ihren Stuhl abgeben, der Sie jetzt stützt und schützt und lassen Sie Ihren Körper nach und nach sich erinnern, wie sich tiefe Entspannung anfühlt. Ihre Atmung kommt und geht, wie die Atmung das will und mit jedem Atemzug wird die Atmung regelmäßiger, ein Zeichen von tiefer Entspannung. Auch die Gedanken kommen und gehen, wie sie wollen. Sie werden mehr und mehr zum Beobachter Ihrer Gedanken und Gefühle und Sie wissen, dass alles genau so sein darf, wie es ist. Sie müssen nichts mehr aktiv tun, im Außen gibt es gerade nichts mehr zu tun. Ein wohliges Gefühl der Entspannung darf sich jetzt oder gleich oder später in Ihnen ausbreiten. Ihr Körper kennt das Gefühl der tiefen Entspannung und er erinnert sich an das Gefühl der tiefen Entspannung.

Und dieses Gefühl der tiefen Entspannung breitet sich aus in Kopf und Bewusstsein.

Dieses Gefühl der tiefen Entspannung breitet sich aus in Schultern, Armen und Händen.

Dieses Gefühl der tiefen Entspannung breitet sich aus im ganzen Rücken.

Dieses Gefühl der tiefen Entspannung breitet sich aus im Brustbereich.

Dieses Gefühl der tiefen Entspannung breitet sich aus in der Körpermitte.

Dieses Gefühl der tiefen Entspannung breitet sich aus im Beckenbereich.

Dieses Gefühl der tiefen Entspannung breitet sich aus in Oberschenkeln, Waden und Füßen.

Und Sie genießen diese Entspannung mehr und mehr.

Es war einmal ein kleiner Junge, der zusammen mit seiner Familie auf einem kleinen Hühnerhof lebte. Eines Tages fand er beim Spielen in der Umgebung einen kleinen verletzten Vogel, den er mit nach Hause nahm. Sein Vater riet ihm, den Vogel wieder auszusetzen, da es sich um ein Adlerküken handele. Wenn der Adler auf dem Hof aufwachsen würde, so seien in Zukunft die Hühner in Gefahr. Der Junge wollte den Vogel unbedingt behalten und meinte, dass er auf den Vogel aufpassen würde und ihn so dressieren würde, dass er sich in Zukunft wie ein Huhn benehmen würde. Der Vater stimmte nach einigem Zögern zu. Also wuchs der Adler unter Hühnern auf. Der Adler lernte, wie er wie ein Huhn läuft, er pickte Körner, suchte nach Regenwürmern, seine Flügel benutzte er nie, da ja auch die Hühner nicht flogen. Das Gackern der Hühner versuchte er zu imitieren, mit dem Resultat, dass ein seltsames Krächzen aus seinem Schnabel kam. Von den anderen Hühnern wurde er beäugt, man fand ihn seltsam, keiner wollte wirklich etwas mit ihm zu tun haben. Aber solange er alle in Ruhe ließ, tolerierte man ihn. Der kleine Junge war stolz auf sein Ergebnis. Eines Tages kam eine junge Frau auf den Hühnerhof. Erstaunt richtete sie sich an den Bauern: „Bauer, der Vogel da bei den Hühnern, ist ein Adler!" Der Bauer erwiderte: „Ja, ich weiß, mein Sohn hat ihn gefunden und aufgezogen wie ein Huhn!" Da nahm die junge Frau den Adler und kletterte mit ihm eine Leiter hinauf und sprach zum Adler: „Du bist ein Adler, der König der Lüfte, schwing dich hoch in die Luft und fliege frei und majestätisch in die Welt hinaus." Der Adler sprang von der Leiter, kehrte auf den Boden zu den Hühnern zurück und pickte Körner. Am nächsten Tag erschien die Frau wieder. Sie nahm den Adler und stieg mit ihm auf einen hohen Turm:

„Du bist ein Adler, der König der Lüfte, schwing dich hoch in die Luft und fliege frei und majestätisch in die Welt hinaus." Der Adler hüpfte die Treppe hinunter, kam bei den Hühnern an und pickte Körner. Am dritten Tag kam die Frau erneut und nahm den Adler mit. Sie fuhren auf einen hohen Berg, auf der Spitze angekommen, sprach die Frau erneut: „Du bist ein Adler, der König der Lüfte, schwing dich hoch in die Luft und fliege frei und majestätisch in die Welt hinaus!" Der Adler schaute um sich herum, er roch die frische Bergluft, er hörte den Wind rauschen, er sah runter ins Tal, erkannte die Menschen, sah die Hühner auf dem Hühnerhof und sah zu seiner Überraschung auch die Körner. Er spürte plötzlich ein Kribbeln und Pulsieren, eine Energie und Kraft in sich, die er so noch nie erlebt hatte. Es war, als würde er aus einem tiefen Schlaf erwachen und erkennen, wer er wirklich ist. Da breitete er seine Flügel aus und schwang sich hoch in die Luft, flog frei und majestätisch in die Welt hinaus.

Ich zähle gleich rückwärts von 3 bis 1. Mit jeder Zahl wecken Sie sich ein wenig mehr auf und kehren wieder ganz wach und frisch hier hin zurück. Bei 1 gehen vielleicht die Augen auf und Sie fühlen sich anschließend erfrischt, wie nach einem kurzen erholsamen Schlaf. Und vielleicht werden Sie neugierig sein, wie viel Veränderungsmöglichkeiten aus dieser Trance entstehen und wann sie auftauchen werden. 3–2–1! Ganz wach, ganz frisch, ganz wieder da.

7.3 Take Home Message

Auch über unbewusste Prozesse können Korrekturen in Gesprächssituationen vorgenommen werden. Die Trancen wirken zwar nicht so spezifisch und unmittelbar auf das Geschehen wie die anderen Techniken, doch erzielen sie eher ein grundlegendes und allgemeines Gefühl von Entspannung und Sicherheit. Ohne die kommunikative Störung detailliert zu erfassen und zu beschreiben, kann über die Tiefenentspannung die Problematik gelöst werden. Die Trancen helfen auf bequeme und genussvolle Art und Weise eine neue Sichtweise des Geschehens zu entwickeln.

(▶ https://doi.org/10.1007/000-hfb)

(▶ https://doi.org/10.1007/000-hfa)

Literatur

Bongartz, W., & Bongartz, B. (1998). *Hypnosetherapie*. Hogrefe-Verlag.

Revenstorf, D., & Peter, B. (2009). *Hypnose in Psychotherapie, Psychosomatik und Medizin*. Springer.

8

Nutzen von Ritualen für sich selbst, privat und im Job

Kleine Rituale für Alltag und Beruf können eine große Wirkung entfalten. Dieses Kapitel zeigt, wie regelmäßige Gewohnheiten und bewusste Zeremonien Ihnen helfen, Stabilität und Achtsamkeit in Ihren Alltag zu bringen. Anhand praktischer Beispiele – vom persönlichen Morgenritual bis zum Teamritual im Unternehmen – erfahren Sie, wie Rituale die Motivation fördern, Übergänge erleichtern und Stress reduzieren.

Nachdem wir uns intensiv mit einer Vielzahl von Techniken zur Selbstregulation auseinandergesetzt haben – Techniken, die auf die Beeinflussung unserer kognitiven, energetischen und unbewussten Ebenen abzielen –, möchten wir nun einen weiteren, ebenso wichtigen Aspekt unserer persönlichen Transformation beleuchten: die Verhaltensebene. Hier verschiebt sich der Fokus von inneren Prozessen hin zu konkreten, sichtbaren Handlungen.

In den folgenden Kapiteln werden wir uns eingehend mit Ritualen, Verstehensprozessen und dem bewussten Einsatz von Sprache beschäftigen. Rituale, die wir in unseren

Alltag integrieren, können dabei helfen, alte Muster aufzubrechen und uns auf neue, gesündere Verhaltensweisen einzustellen. Gleichzeitig erforschen wir, wie tiefes Verstehen – sowohl des eigenen Verhaltens als auch der Dynamiken in zwischenmenschlichen Beziehungen – den Weg zu einer authentischen und nachhaltigen Veränderung ebnet.

Der bewusste Umgang mit Sprache spielt hierbei eine Schlüsselrolle: Worte formen unsere Realität und können Brücken zwischen Menschen schlagen. Durch gezielte Veränderungen in unserem Verhalten – etwa indem wir bewusst Rituale etablieren, Beziehungsmuster aktiv gestalten oder Sprache als Instrument der Verbindung nutzen – erschaffen wir nach und nach eine Atmosphäre, die von Frieden und Entspannung geprägt ist. So wird es möglich, kommunikative Situationen nicht nur zu meistern, sondern sie in Oasen des gegenseitigen Verständnisses und der Harmonie zu verwandeln.

Jeder von uns kennt sie – Rituale. Sie sind ein wichtiger Bestandteil in unserem Leben, auch wenn wir uns dessen nicht immer bewusst sind. Wir können sie nutzen, denn sie sind sehr wirksam und wichtig. Rituale können Verhaltensweisen darstellen, wie die Gute-Nacht-Geschichte bei Kindern, die einem festen Ablaufmuster folgen, oder auch Abfolgen, wie wir es von Weihnachten oder Geburtstagen kennen.

Rituale im Leben können eine wichtige Rolle spielen und haben folgenden Nutzen:

1. Rituale sprechen unterschiedliche Emotionen an – zumeist positive.
2. Rituale geben uns Sicherheit und bauen Vertrauen auf.
3. Rituale können einen inneren und äußeren Rahmen zu schaffen und Veränderungen zu unterstützen.
4. Rituale können dazu beitragen, eine Atmosphäre der Achtsamkeit und des Respekts zu schaffen.

5. Rituale stiften Identität.
6. Rituale geben Orientierung im Leben.
(Frey 2017)

Für viele Menschen sind Rituale ein wichtiger Bestandteil ihres Lebens, der nur wenig reflektiert und bewusst gestaltet wird. Hier liegen Ressourcen brach, die auch ihnen helfen können, in einzelnen Bereichen ihres Lebens wieder schneller in die Balance zu kommen.

Die Rituale sind individuell zu gestalten, also für die Person oder Personengruppe. Denn für jede Person passt etwas anderes in das Lebenskonzept. Es gilt sich bewusst zu machen, was selbst gebraucht wird, was einem behagt. Also auch hier sich selbst bewusst machen, was brauche ich? Was brauche ich nicht? Was ist genau gut für mich? Womit fühle ich mich wohl?

8.1 Anlässe

Schauen wir mal in unser Leben und vielleicht auch nur auf ein Jahr, fällt auf, wie viele Rituale dort hineingewoben sind. Da finden sich sehr viele Kontinuitätsrituale, also wiederkehrende, sich wiederholende. Das sind beispielsweise die Festtage wie Ostern und Weihnachten und Geburtstage. Die einen freuen sich darauf und manche haben Angst vor diesen besonderen Tagen. Meistens liegt eine besondere Atmosphäre an diesen Tagen in der Luft.

Darüber hinaus gibt es einmalige Rituale – sogenannte Übergangsrituale wie die Volljährigkeit, den Schulabschluss, den Abschluss der Ausbildung oder des Studiums, die Hochzeit –, bei manchen ist das auch ein sich wiederholendes Ritual, und das Ritual zum Tod eines Menschen.

Es gibt aber auch kleinere Anlässe, auf die wir in diesem Buch hinweisen wollen, die im Leben eine Rolle spielen und häufig bei der bewussten Gestaltung vergessen werden, wie ein neuer Job oder das Verlassen eines Jobs oder die Gestaltung des Übergangs in die arbeitsfreie Zeit.

8.1.1 Kontinuitätsrituale

Wer kennt es nicht, den ersten Kaffee oder Tee am Morgen, der uns nicht nur den nötigen Energieschub verleiht, sondern auch als fester Ankerpunkt in unserem Alltag dient. Diese täglichen Rituale – wie etwa die belebende Sport- oder Yogapraxis – helfen uns, den Kreislauf in Schwung zu bringen und mental auf den Tag einzustimmen. Ebenso wichtig sind die Abendrituale, die den Tag behutsam abschließen, Stress abbauen und uns einen Moment der inneren Ruhe schenken, sei es durch das Abschminken, das Schreiben eines Tagebuchs oder eine beruhigende Meditation. Feiertagsrituale, die oft in größerer Form zelebriert werden, stärken darüber hinaus das Gefühl von Tradition und Zusammengehörigkeit, indem sie gemeinsame Werte und Erinnerungen bewahren. Ob es sich um Weihnachten, Ostern, Geburtstage oder auch unternehmensinterne Jubilarfeiern handelt – solche Rituale tragen entscheidend dazu bei, Gemeinschaft zu erleben und ein Gefühl der Zugehörigkeit zu fördern.

8.1.2 Übergangsrituale

Alle Ereignisse in unserem Leben, die zentrale biografische Übergänge markieren, können gleichzeitig auch Verunsicherung und Angst auslösen. Um genau dieser Angst entgegenzuwirken und Komplexität zu reduzieren, gestaltet man die Übergänge bewusst.

Da wäre der 18. Geburtstag, das Schulende, der Abschluss der Ausbildung oder des Studiums, die Hochzeit, der Jobeintritt, der neue Job, der Beginn der arbeitsfreien Zeit, um nur einige zu nennen.

Durch die Gestaltung einer festlichen Markierung wird eine bewusste Fokussierung und Aufmerksamkeit durch bedeutsame Worte und bestimmte Handlungen gelegt.

Warum bedarf es Rituale?
Ich glaube, keine Gesellschaft und Religion kommt ohne Rituale aus. Sie begleiten uns jeden Tag, ohne dass wir sie vielleicht als diese und in ihrer Bedeutung wahrnehmen.

Wir tun etwas, häufig auch gemeinsam und immer wieder.

Sie spielen im Alltag des Menschen eine wichtige Rolle und können verschiedene Bedeutungen und Funktionen haben.

Rituale im Alltag können helfen, Struktur und Stabilität zu schaffen, emotionale Bedürfnisse zu befriedigen, Momente der Achtsamkeit und der Selbstreflexion zu ermöglichen oder zu fördern. Darüber hinaus geben sie Sicherheit und Geborgenheit – Emotionen, die wir brauchen. Sie fördern auch ein Gemeinschaftsgefühl bzw. stellen Gemeinschaft her. Sie können die Konzentration fördern und auch Entscheidungsdruck reduzieren. Sie bauen Vertrauen zu sich selbst und zu anderen auf und evozieren damit positive Gefühle.

Ein Jobwechsel steht an – innerhalb des Unternehmens. Man bleibt und trotzdem geht man irgendwie. Es braucht einen Abschluss, der bewusst gestaltet werden sollte – für sich selbst, um das Kapitel zu beenden, und auch für die anderen, denn die sind auch hinsichtlich der Veränderung betroffen. Man sollte also die „Gestalt schließen". Die wäre ein Übergangsritual.

Wir erleben häufig, dass sich gerade bei diesen kleineren, augenscheinlich unbedeutenderen Ereignissen wenige Gedanken um den Prozess und die Gestaltung gemacht werden. Und im Nachgang sind die Personen dann auf einmal überrascht, wie wichtig und wirkungsvoll es war. Wir wollen Sie also sensibilisieren, mit offenen Augen durch ihr Leben zu gehen und genau auch die Punkte zu gestalten, die sonst übersehen werden. Sie werden erstaunt sein, was eine bewusste Ausformung bewirkt – bei Ihnen und in Ihrer Umgebung.

Wie gestaltet man diese?
Um Rituale bewusst zu gestalten, ist es hilfreich, die Phasen bzw. den Aufbau eines Rituals zu kennen. Und da Rituale auch die Emotionen ansprechen, gilt es natürlich auch, diesen Aspekt mit zu betrachten.

Bei der Gestaltung von Ritualen ist es wichtig, dass sie persönlich und authentisch sind. Sie sollten die Werte und Überzeugungen der beteiligten Personen widerspiegeln und einen Raum für Selbstreflexion und die Entfaltung und das Erleben bieten.

Ein gut gestaltetes Ritual sollte eine klare Struktur haben, die den Ablauf und die Bedeutung des Rituals deutlich macht. Es kann hilfreich sein, Elemente wie Musik, Kerzenlicht, Symbole oder Ritualelemente aus verschiedenen Kulturen einzubeziehen, um eine besondere Atmosphäre zu schaffen.

Es ist hilfreich, wenn alle Beteiligte aktiv in das Ritual mit einbezogen werden, um jedem die Möglichkeit zu geben, den eigenen Gedanken und Gefühlen Ausdruck zu verleihen und durch die Beteiligung die Emotionalität noch einmal tiefer angesprochen wird, als wenn man nur als passiver Zuschauer am Rande steht.

Letztlich sollte ein Ritual dazu dienen, eine Verbindung zwischen den Menschen herzustellen. Es ist eine kraftvolle Möglichkeit, um bedeutungsvolle Momente im Leben zu zelebrieren und zu würdigen.

8.2 Gestaltung eines Kontinuitätsrituals

Nehmen wir einmal ein Beispiel aus dem Arbeitskontext. Denn der Gestaltung wird häufig wenig Aufmerksamkeit geschenkt. Wir erleben in unseren Begleitungsprozessen immer wieder, dass sie „ohne Bewusstsein" initiiert werden,

8 Nutzen von Ritualen für sich selbst, privat und im…

und auf einmal ist es ein Ritual und schlecht wieder aus dem Arbeitsalltag wegzudenken.

Anhand einer unserer Beispielpersonen wollen wir es verdeutlichen.

Max hat ein neues Team übernommen. Er ist euphorisch und freut sich über die neue Aufgabe. Der November naht. Im Gespräch mit seiner Frau kam ihm die Idee, den Nikolaustag im Team zu zelebrieren. Er hat 24 Mitarbeitende und will jeden bedenken. Da liegt es nahe, dass er für jeden einen Adventskalender kauft – natürlich auf seine Kosten. Am Abend vor dem Nikolaustag bleibt er lange im Unternehmen und als alle gegangen sind, stellt er jeden einen Adventskalender auf den Arbeitsplatz. Die Freude am nächsten Tag ist groß und die Überraschung ist gelungen. Wir würden denken: Alles richtig gemacht.

Ein Nachteil hat das Ganze. Im kommenden Jahr wird Max schon Anfang November direkt und indirekt seitens der Mitarbeitenden angesprochen, dass sie sich wieder auf „ihren" Adventskalender freuen. Ein Ritual ist entstanden. Jetzt gilt es für Max, eine klare Entscheidung zu treffen. Will er sich „quasi" weiter verpflichten, „jedes Jahr für jede Person wieder einen Adventskalender zu kaufen", oder modifiziert er es – mit der Gefahr, dass die eine oder andere Person vielleicht enttäuscht ist.

Spulen wir das Drehbuch noch einmal nach vorne, also zu dem Zeitpunkt, wo Max die Idee hatte, kann er sich zuerst folgende Aspekte überlegen:

Was ist das Ziel?

Wen will ich alles einbeziehen?

Welche Ideen habe ich? (Hier lohnt es sich, mehr als eine Idee zu sammeln)

Welche Vor- und Nachteile hat jede Idee?

Halte ich das Ritual länger durch und will ich es?

Ist die Idee angemessen für die Situation, das Ziel, die Zielgruppe, hinsichtlich Aufwands und Kosten?

Kann ich vielleicht meine Idee mit jemand anderem spiegeln, um noch auf Aspekte zu kommen, die man allein übersehen hat?

Übertragen auf unser Beispiel heißt das:
Er will den Mitarbeitenden eine Freude machen.
Er will alle 24 Mitarbeitende mit einbeziehen.
Er hat die Idee mit 24 Adventskalendern – also einen für jeden oder einen für alle.

Bei der ersten Idee (für jeden) lautet der Nachteil: Kostenintensiver und bei Vergrößerung des Teams steigt der Aufwand noch mehr. Bei der zweiten Idee (das Team spricht sich ab, wann wer ein Türchen öffnen darf) achtet man aufeinander und es ist weniger aufwendig. Nachteil: Es könnte eine Person nicht bedacht werden und es muss sich erst einspielen, wer wann ein Türchen öffnet.

Er kann beide Ideen lange durchhalten, spürt aber ein leichtes Unbehagen bei Idee 1.

Angemessenheit, Aufwand und die anderen Aspekte hat er bei Vor- und Nachteilen bedacht.

Er spricht mit seiner Frau und sie tauschen sich aus.
Max entscheidet sich.

Eine bewusste Gestaltung und Planung hilft, ein Kontinuitätsritual auch länger durchzuhalten. Denn das ist ja genau Sinn und Zweck.

8.3 Gestaltung eines Übergangsrituals

Übergangsrituale sind dreigliedrig. Was heißt das genau? Es gibt drei Phasen, die immer durchlaufen werden. Wie lang diese sind, spielt dabei keine Rolle. Die Vorbereitungsphase dient der Heranführung, man bereitet sich mehr und mehr – auch emotional gesehen – und den besonderen Mo-

8 Nutzen von Ritualen für sich selbst, privat und im…

ment vor. Damit wird die Bedeutung des Ereignisses noch einmal unterstrichen.

Das eigentliche Ritual ist dann geprägt von einem besonderen Ort – einer besonderen Sprache und besonderer Kleidung und Handlungen. Dies unterstreicht und markiert die bewusste Fokussierung der Aufmerksamkeit auf diesen Moment.

Nach dem eigentlichen Ritual schließt sich dann eine postrituale Phase an. Man braucht eine Zeit, um in dem neuen Lebensabschnitt anzukommen.

Eines der bekanntesten Beispiele ist die Hochzeit. Mittlerweile beginnt die Vorbereitungsphase gut ein Jahr vor der eigentlichen Hochzeit (Abb. 8.1).

In der Abbildung sind 3 Kreise nebeneinander angeordnet. Dabei gibt es jeweils zwischen dem 1. und dem 2. und dem 3. Kreis eine Schnittmenge. Von links nach rechts ist im 1. Kreis die Bezeichnung „Vorbereitungsphase", im 2. Kreis die Bezeichnung „Eigentliches Ritual" und im 3. Kreis die Bezeichnung „Postrituale Phase" zu lesen. Unter dem 1. Kreis sind die Wörter „Verlobung, Polterabend,

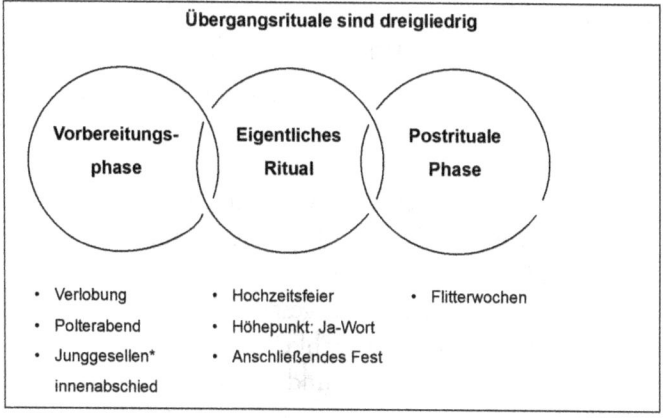

Abb. 8.1 Drei Phasen eines Übergangsrituals

Junggesellen*innenabschied", unter dem 2. Kreis die Wörter „Hochzeitsfeier, Höhepunkt: Ja-Wort, Anschließendes Fest" geschrieben, unter dem 3. Kreis ist das Wort „Flitterwochen" notiert.

Jedes Übergangsritual sollte mehr oder weniger aufwendig nach diesen drei Phasen gestaltet werden.

Verdeutlichen wir die Gestaltung eines Übergangsrituals wieder an Max. Er hat ein neues Jobangebot bekommen und wird die Firma wechseln. Der Entscheidungsprozess war nicht leicht und zog sich hin. Die Kündigung ist eingereicht und die Gespräche mit dem Vorgesetzten und der Personalabteilung sind entsprechend gelaufen und alles geklärt.

Das ist aber nur die eine Seite der Medaille. Max war lange in dem Unternehmen. Er kennt viele Menschen und hat gern mit ihnen zusammengearbeitet. Es ist ja auch ein weinendes Auge dabei. Auch für Max ist es wichtig, sich emotional zu verabschieden. Die Gestalt muss geschlossen werden, wie es in der Gestaltpsychologie heißt. Bei einer bewussten Gestaltung durchläuft Max alle 3 Phasen, die er im Vorfeld auch geplant hat.

Vorbereitungsphase
Die Kündigung ist auch Teil der Vorbereitungsphase, denn ohne diesen Schritt wäre die Arbeitssituation gleich geblieben. Max bereitet sich auf den Abschied vor. Er stellt sich verschiedene Fragen:

Von wem möchte ich mich verabschieden?
Wer war ein wichtiger Wegbegleiter für mich?
Wann möchte ich es machen?
Wie will ich den Abschied gestalten? Hier geht es auch um Detailfragen wie Örtlichkeit, Essen, Trinken, Abschiedsrede – von ihm selbst und von anderen –, Zeitraum
Soll ich Einladungen gestalten?

Eigentliches Ritual
Max hat sich entschieden, alle Personen, die ihn in der Zeit begleitet haben, einzuladen, und zwar zu einem Stehempfang. In einem Zeitfenster können die Personen frei entscheiden, wie lange sie bleiben wollen, wann sie kommen wollen. Es wird ein lockeres Miteinander, wo auch Raum für kurze einzelne Gespräche seitens Max ist. Er sagt zu Beginn ein paar Worte des Dankes und dann gestaltet sich die weitere Zeit frei. Diese Stunden sind für alle Beteiligten wichtig. Man verabschiedet sich bewusst voneinander, bedankt sich, lässt die Zeit Revue passieren und erlebt innerlich das eine oder andere noch einmal. Das erzeugt auch ein Gefühl von Dankbarkeit. Denn Dankbarkeit hat zahlreiche positive Auswirkungen auf das Wohlbefinden und die psychische Gesundheit.

Postrituale Phase
Max hat geplant, zwischen beiden Jobs eine kurze Auszeit zu nehmen. So hat er Zeit, sich zu erholen und sich bewusst auf den neuen Job vorzubereiten. Er nutzt die Zeit, indem er ein paar Tage nur für sich verbringt und dann auch mit der Familie verreist. So hat er für sich gesorgt und startet mit neuer Kraft und Energie.

8.4 Beispiele für Rituale

In der folgenden Tab. 8.1 werden Situationen und Gegebenheiten aufgeführt, die mit Ritualen verbunden sein können. Sie dienen dem Überblick und sollen Anregungen geben, an welchen Punkten es sich lohnt, einmal zu überlegen, inwieweit und wie man diesen gestalten will.
Es lohnt sich unserer Erfahrung nach, auch für sich selbst in Situationen, die einschneidend sind und gleichzeitig

Tab. 8.1 Beispiele für Rituale im beruflichen und privaten Kontext

Ritual	Beruflicher Kontext	Privater Kontext
Übergangsritual	• Neuer Job/neue Position • Beginn der arbeitsfreien Zeit	• Zur Geburt • Einschulung • Schulabschluss • 18. Geburtstag • Firmung/Konfirmation • Hochzeit • Abschied von Menschen (Trennung/Tod)
Kontinuitätsritual	• Weihnachtsfeier • Sommerfest • Jubilarfeier • Geburtstage im Team • Firmenausflug	• Feiertage • Karneval • Einschlafrituale bei Kindern • Beziehungsrituale im Alltag und Hochzeitstag • Rituale für sich (Tagebuch, Tagesroutinen)

nicht nur positive Gefühle auslösen, für sich ein Ritual zu entwickeln. Man folgt der gleichen Choreografie, der Grundaufteilung wie bei einem Übergangsritual. Besonders zu empfehlen ist das bei Trennungen und Fehlgeburten. Beide Beispiele, in denen man eine neue Orientierung braucht, Emotionen verarbeitet werden müssen, man Sicherheit braucht und einen Rahmen, der einen stützt und unterstützt. Gleichzeitig bietet unsere Gesellschaft dafür keinen Rahmen. Den kann man sich aber selbst schaffen bzw. mit anderen zusammen.

8.5 Take home message

Rituale sind ein wichtiger Bestandteil unseres Lebens. Wir empfehlen, sich bewusst zu machen, an welchen Punkten in Ihrem Leben es sich lohnt, die Rituale zu reflektieren und sich zu fragen, ob ein Mehr, ein Weniger oder ein Anders hilfreich ist. Denn es kann auch ein Zuviel geben. Dann werden Rituale zu einem Korsett, das einengt. Sie sollen aber so gestaltet sein, dass sie für uns positiv sind. Wir regen an, auch mit Ihrem Umfeld das Gespräch zu suchen, wie man das eine oder andere vielleicht anders gestalten kann, damit es für alle passt und auch in die Lebenssituation, die sich ändert über die Zeit.

Literatur

Frey, D. (2017). *Psychologie der Rituale und Bräuche*. Springer.

9

Bewusste Gestaltung des Umgangs mit anderen oder Verstehensprozesse

In Kapitel 9 erfahren Sie, wie Sie – privat wie beruflich – Ihre Kommunikation verbessern und den Umgang mit anderen Menschen bewusster, wertschätzender und positiver gestalten können. Sie lernen, wie Verständnis und Vertrauen wachsen, wenn Sie die drei Ebenen der Kommunikation beachten und Ihr Gegenüber wirklich wahrnehmen. Praktische Modelle wie das „Beziehungskonto" veranschaulichen, wie eine friedvolle Kommunikation gelingt, und helfen, Konflikte gar nicht erst entstehen zu lassen.

„Man kann nicht nicht kommunizieren." (Paul Watzlawik)

Nachdem wir nun viel über den Umgang mit uns selbst, der Entwicklung von Angst und des Umgangs damit gesprochen haben, liegt der Schwerpunkt jetzt bewusst auf der Gestaltung der Interaktion zu anderen.

Denn wir haben viel Einfluss, wie und was wir sagen bzw. wie wir reagieren, und können damit eine Beziehung friedvoll und bewusst gestalten und damit beeinflussen.

Lisa und Max starten beide in einer neuen Position bzw. Lisa in einem neuen Job. Alles ist unbekannt und die anderen Menschen sind noch wie weiße, unbeschriebene Blätter. Darin liegt eine große Chance, denn beide können von Anfang an vieles in der Beziehungsgestaltung richtig machen.

9.1 Die drei Ebenen der Kommunikation

Wir haben zwei Interaktionspartner: Interaktionspartner A (IA) und Interaktionspartner B (IB). Beide lernen sich neu kennen und schon beginnt die Kommunikation.

Kommunikation findet immer auf drei Ebenen statt:

- Verbale Ebene
- Paraverbale Ebene
- Nonverbale Ebene

Alle drei Ebenen sind in jeder Kommunikation dabei, ohne dass es uns bewusst ist. Das bedeutet, wenn IA etwas zu IB sagt, kommuniziert IA auf allen drei Ebenen. Natürlich gilt das auch umgekehrt. Der Einfachheit halber bleiben wir bei dem Fall, dass IA etwas zu IB sagt. Der Text, also die Worte, die ausgesprochen werden, bilden die verbale Ebene. Wie IA etwas sagt, in welcher Tonalität, die ist paraverbale Ebene und die Haltung, die Gestik und die Körpersprache sind die nonverbale Ebene.

Welche Ebene welche Bedeutung hat und inwieweit die Ebenen jeweils bewusst oder unbewusst seitens IA zu IB beeinflussbar sind, zeigt die folgende Tab. 9.1.

Die Tabelle verdeutlicht, wie komplex Kommunikation ist und welche Aspekte es zu beachten gibt. Nun ist IA sehr bemüht, ihre Kommunikation nach bestem Wissen und Gewissen zu gestalten, wählt die Worte mit Bedacht, achtet

9 Bewusste Gestaltung des Umgangs mit...

Tab. 9.1 Kommunikationsebenen, Ausdrucksform und bewusste Kontrollierbarkeit

Kommunikationsebenen	Ausdrucksform	Bewusste/Unbewusste Kontrolle
Verbale Ebene	• Transkribierbare Information im Text • Texteinheiten, Formulierungen	• Unterliegt im hohen Maße der bewussten Kontrolle – aber nicht komplett
Paraverbale Ebene	• Wie man etwas sagt • Lautstärke, Stimmlage und Stimmhöhe, Betonung und Pausenstruktur	• Unterliegt der bewussten Kontrolle
Nonverbale Ebene	• Körperliche Reaktionen • Mimik, Gestik, Körperhaltung, Distanz/Nähe	• Unterliegt nur schwach der bewussten Kontrolle

auf die passende Tonalität und Gestik und Mimik. Nun gibt es nur eine unbekannte Komponente dabei: IB! Denn wie IB die Worte von IA versteht und interpretiert und welche Kommunikationsebene für IB besonders relevant ist, ist IA leider nicht bekannt. Das wird IA auch niemals zu 100 % rekonstruieren können. Wichtig ist aber, dass IA bewusst die Kommunikation gestaltet und IB klar hat, welche Ebene für sie besonders bedeutsam ist.

Lisa zum Beispiel ist besonders empfindsam hinsichtlich der paraverbalen Ebene. Das heißt, sie „hört" bzgl. der Tonlage und Lautstärke viel stärker als Max, der sehr stark die nonverbale Ebene neben der verbalen fokussiert.

Wir können also bei uns selbst lernen, die para- und nonverbale Ebene bewusster zu kontrollieren und gezielter einzusetzen, um die Kommunikation positiver zu gestalten und die para- und nonverbalen Signale des Gegenübers als wichtige Informationsquelle anzusehen, sie besser zu dekodieren und damit die andere Person besser zu verstehen.

Lisa hat an ihrem ersten Arbeitstag ein 1:1-Gespräch mit ihrer Führungskraft. Lisa ist natürlich etwas aufgeregt und da es ohnehin draußen kalt ist, friert Lisa. Sie verschränkt die Arme vor der Brust. Da Lisa um die Wirkung dieser Geste weiß, sagt sie direkt zu ihrer Führungskraft, dass ihr kalt ist. So verhindert sie proaktiv, dass die nonverbale Ebene missverstanden wird. Die Alternative wäre, es von der anderen Seite, also seitens der Führungskraft, anzusprechen und nachzufragen, ob die Person in einer Abwehrhaltung ist, Distanz signalisieren will, sich selbst Sicherheit geben will, ihr einfach nur kalt ist oder sie nicht weiß, wohin sie mit ihren Armen soll. Der Interpretation wird hier viel Spiel gegeben, wenn wir uns der Ebenen und die Nutzung derer nicht bewusst sind. Beide Seiten können also die Kommunikation hier bewusst gestalten.

9.2 Der Beziehungskredit oder das Beziehungskonto

Der eine oder andere geneigte Leser wird sich jetzt fragen, was Kommunikation und Verstehen mit einem Bankkonto zu tun hat. Wir finden dieses Bild sehr einprägsam und nützlich, weshalb wir es hier gern vermitteln wollen.

Wir sind immer noch bei der Gestaltung der Kommunikation zwischen zwei Personen.

Beide Personen stehen in irgendeiner Form der Beziehung zueinander.

Wir bleiben bei unserem Beispiel mit Lisa. Sie sitzt weiterhin bei ihrer Führungskraft im Büro. Durch den Auswahlprozess haben beide einen positiven Eindruck voneinander und beide freuen sich auf die gemeinsame Zusammenarbeit. Schon beim Auswahlprozess begann der Aufbau des Beziehungskontos. Lisa baute durch ihr

Auftreten, durch das, was sie gesagt hat, wie sie reagiert hat und sich präsentierte, ein Beziehungskonto bei ihrer Führungskraft auf und umgekehrt.

Ein Beziehungskonto sollte immer im Plus sein, wie auch ein normales Konto. Werden zu viele Worte, Gesten, Stimmlagen oder Ähnliches realisiert, die IB als negativ für sich interpretiert, wird automatisch etwas vom Konto abgebucht. Anders als bei einem normalen Konto kann man nicht den aktuellen Kontostand abfragen und man weiß auch nicht genau – außer man kennt sich gut –, womit man wie viel vom Konto aufbucht. Deshalb heißt es: Immer das Beziehungskonto im Blick haben und aufbuchen. Aufbuchen kann ich über die richtige Wortwahl – darauf gehen wir in Kap. 10 noch einmal genauer ein –, die richtige Tonlage und die passende nonverbale Kommunikation. Behält man das Beziehungskonto stets im Blick, verhindert man, dass das Konto ins Minus rutscht. Passiert es trotzdem, ist es auch hier wie bei einem Bankkonto. Anfangs bekommt man noch einen Dispo – mit dem Preis der höheren Zinsen. In unserem Fall bedeutet das, dass man sehr viel in die Beziehung investieren muss, damit man wieder ins Plus kommt. Im schlimmsten Fall wird die Bankkarte eingezogen – also die Beziehung abgebrochen.

Trifft IA beispielsweise nicht den richtigen Ton oder nutzt die falschen Worte für IB, ist IB getriggert. Das bedeutet, IA trifft einen wunden Punkt bei IB. Es wird dadurch etwas vom Beziehungskonto abgebucht. IA kann direkt oder im Nachgang, sofern es ihr bewusst wird, wieder etwas sagen oder tun, um „das Konto zu füllen". Nun liegt es auch mit in der Verantwortung von IB, selbst bei sich zu verstehen, was und wieso sie getriggert ist. Hier kann man wieder auf die Aspekte von Abschn. 1.3 zurückgreifen.

Die Verantwortung für eine gute Kommunikation, ein gutes Verstehen liegt also auf beiden Seiten.

9.3 Komplementäre Beziehungsgestaltung

Wie im vorherigen Unterkapitel schon beschrieben, ist es bedeutsam, richtig in eine Beziehungskommunikation zu investieren. Das kann man besonders gut, wenn man die Kommunikation – auf allen drei Ebenen – sehr bewusst auf die Motive der anderen Person abstimmt.

9.3.1 Motive

Motive sind psychologische Antriebskräfte, die das Verhalten eines Menschen beeinflussen. Sie entstehen aus Wünschen und Bedürfnissen einer Person. Für uns sind die Motive, die psychologischer Natur sind, wichtig. Das können Motive wie Anerkennung und Sicherheit sein. Motive steuern unser Verhalten und motivieren uns auch, bestimmte Handlungen auszuführen und Ziele zu verfolgen. Die Motive sind sowohl bewusst als auch unbewusst und determinieren damit unser Verhalten auf verschiedene Art und Weise. Wir haben also über die Zeit in der Biografie erlernte Strategien, die irgendwann einmal wirksam waren, um das jeweilige Motiv zu befriedigen. Über die Zeit können diese Verhaltensweisen aber zu dominant werden, ins Negative umschlagen oder unpassend für die Situation sein. Die erlernten Strategien werden aber später nur noch selten reflektiert.

Motive werden in der Psychologie in Kategorien geteilt. Diese können je nach psychologischer Ausrichtung unterschiedlich sein.

In unserem Fall gehen wir von sechs Motiven aus, über die jeder Mensch verfügt:

- *Anerkennung:* kompetent und leistungsfähig zu sein
- *Wichtigkeit:* Bedeutung für andere zu haben

- *Verlässlichkeit:* dass Beziehungen beständig sind und auch Krisen überstehen
- *Solidarität:* dass andere für einen da sind, wenn man sie braucht
- *Autonomie:* dass man die Freiheit gewährt bekommt, eigene Entscheidungen zu treffen
- *Grenzen:* dass Grenzen, die man setzt, beachtet werden

Allen sechs Motiven liegt der Wirkmechanismus zugrunde, dass positive Erfahrungen mit anderen (immer bezogen auf das jeweilige Motiv) dazu führen, dass das Motiv befriedigt wird und somit „gesättigt" in den Hintergrund rückt. Erfährt die Person jedoch, dass ein bestimmtes Motiv frustriert oder von anderen nicht befriedigt wird, bleibt es aktiv und steigt in der Bedürfnishierarchie auf, sodass es wichtiger wird als andere Bedürfnisse. Welche Aspekte durch das jeweilige Motiv abgedeckt werden, soll nachfolgend verdeutlicht werden.

Anerkennung. Das Bedürfnis nach Anerkennung beschreibt den Wunsch, positive Rückmeldungen von anderen zu eigenen Fähigkeiten, Eigenschaften und Kompetenzen zu erhalten. Ziel des Motivs ist es, zu einer Gruppe zu gehören – also sicher in der Gruppe zu sein. Wenn eine Person Anerkennung bekommt, heißt das, dass sie über Fähigkeiten oder Kompetenzen verfügt, die von Bedeutung für andere sind und die Person somit einen Mehrwert für diese bietet. Im Umkehrschluss geht mit einem wahrgenommenen Mangel an Anerkennung häufig die Sorge einher, inkompetent zu sein und ausgeschlossen zu werden, weil man „keinen Beitrag/Mehrwert leistet", der von Bedeutung für die Gruppe ist. Daher geht es inhaltlich bei dem Bedürfnis nach Anerkennung stark um das Thema Leistung, die quasi mit einer „Daseinsberechtigung" in der Gruppe gleichgesetzt wird.

Wichtigkeit. Das Motiv „Wichtigkeit" repräsentiert den Wunsch danach, Bedeutung für andere zu haben. Auf den ersten Blick ähnelt das Bedürfnis nach Wichtigkeit stark dem nach Anerkennung. Allerdings geht es hier um die Relevanz als Person für andere und weniger um die eigenen Fähigkeiten und Eigenschaften und um Leistung. Hier ist bedeutsam, dass es einen Unterschied für andere macht, ob man da ist oder nicht. Die Person ist wichtig, unabhängig von Leistung. Wichtigkeit kann man auf unterschiedliche Art und Weise erreichen: durch Attraktiv-Sein, oder indem man unterhaltsam ist. In Zeiten von Social Media wird viel gepostet, das die eigene Person betrifft, und die Anzahl der Follower kann ein Kriterium für Wichtigkeit sein. Die genannten Strategien sind sogenannte positive Strategien, um bedeutsam für andere zu sein, auch wenn schon bei diesen Strategien ein Zuviel ins Negative umschlagen kann.

Es kann auch sein, dass man in der Lebensgeschichte die Erfahrung gemacht hat, besonders viel Aufmerksamkeit zu bekommen, wenn man jammert, klagt, nörgelt oder leidet. Das sind Beispiele für negative Strategien. Langfristig sind diese Verhaltensweisen eher „beziehungsschädigend" und der kurzfristige Nutzen der Aufmerksamkeit wird mit einem negativen langfristigen Effekt „bezahlt" (also Beziehungskredit abgebucht).

Verlässlichkeit. Das Bedürfnis nach Verlässlichkeit steht für den Wunsch, dass Beziehungen stabil sind und Belastungen und Konflikte überstehen. Auch hier kann davon ausgegangen werden, dass dieses Motiv sicherstellen soll, dass die Person langfristig soziale Beziehungen hat, die in Krisenzeiten unterstützend wirken. Personen, die dieses Motiv frustriert haben, machten in ihrer Lebensgeschichte die Erfahrung, dass für sie unerwartet eine bedeutsame Beziehung abgebrochen wurde und sie deshalb dazu neigen, Konflikte zu vermeiden und sehr nach Harmonie zu streben. Somit soll die Gefahr gedämmt werden, dass eine Beziehung abbricht bzw. die Wahrscheinlichkeit reduziert wird. Gleichzeitig neigen Menschen, die das Motiv nach

Verlässlichkeit hoch ausgeprägt haben, dazu, viel in eine Beziehung zu investieren und sich und die eigenen Bedürfnisse zurückzustellen. Dadurch soll die Beziehung auch stabilisiert werden. Ob das Konstrukt dauerhaft aufgeht, sei einmal dahingestellt.

Solidarität. Das Bedürfnis nach Solidarität beschreibt den Wunsch, Unterstützung/Hilfe zu bekommen, wenn man sie braucht. Auch hier steht der Aspekt des „Nicht-allein-Seins" im Vordergrund – ähnlich wie bei der Verlässlichkeit –, bezieht sich aber spezifisch auf bestimmte Situationen, in denen man in Not ist oder in Bedrängnis gerät, man also explizit Unterstützung braucht oder sich eine solche wünscht.

Jemand, der ein frustriertes Solidaritätsmotiv hat, ist häufig sehr solidarisch, unterstützend anderen Personen gegenüber. Er oder sie hat aber selbst die Überzeugung, dass für ihn bzw. sie niemand da ist, wenn es nötig wäre. Von außen betrachtet, wirkt es durchaus so, dass die Person alles selbst managen kann. Dahinter steckt die Erfahrung, dass „keiner da ist, wenn sie Hilfe braucht" und „sich um alles selbst kümmern muss". Leider kann dieses Verhalten dann zur Folge haben, dass die Person wirklich weniger Unterstützung bekommt, weil die Signale falsch gedeutet werden. Und damit verstärkt sich die negative Schleife.

Autonomie. Dieses Motiv verkörpert das wirkliche Bedürfnis, Dinge selbst gestalten zu können und die Freiheit zu haben, eigene Entscheidungen zu treffen. Die Personen haben ein starkes Streben nach Unabhängigkeit, sich wenig vorschrieben lassen zu wollen und wenige Kompromisse einzugehen. Das Befolgen von reinen Anweisungen fällt diesen Personen schwer, da Selbstbestimmtheit eine bedeutsame Komponente ist. Bei diesem Motiv geht es um die erlebte Eigenständigkeit und Unabhängigkeit von anderen.

Grenzen. Das Bedürfnis, Grenzen zu setzen, beschreibt den Wunsch, Bereiche zu definieren, die für andere tabu sind. Personen, die Erfahrungen mit entweder massiven oder regelmäßig wiederkehrenden Grenzverletzungen gemacht haben, tendieren dazu, äußerst sensibel auf Grenzverletzungen zu reagieren. Grenzverletzungen können körperlicher Art sein, etwa in Form von Gewalt, oder psychisch, wie beispielsweise das Lesen vertraulicher Nachrichten – also das frühere Tagebuch. Die Erfahrung, dass jemand in die Privatsphäre eingedrungen ist, führt dazu, dass andere Menschen auf Distanz gehalten werden. So verhindert man quasi die Grenzverletzung oder versucht sich davor zu schützen.

Wir gehen davon aus, dass jede Person über diese sechs Motive verfügt. Die Frage ist nur, welche dieser Motive aufgrund von biografischen Erfahrungen frustriert wurden und deshalb besonders bedeutsam für die Person sind (Collatz & Sachse 2011).

Und genau hier setzt die komplementäre Beziehungsgestaltung an.

9.3.2 Umsetzung und Nutzen der komplementären Beziehungsgestaltung

Wir beobachten auf der Verhaltensebene, worauf eine Person besonders positiv und besonders negativ reagiert, und entwickeln eine Liste mit „do's and don'ts" für das Gegenüber.

Das klingt vielleicht auf den ersten Blick manipulativ. Für uns ist dieser Begriff neutral. Wir passen unser Verhalten bewusst an die frustrierten Motive der Person an, denn dadurch realisieren wir Beziehungskredit. Weil wir in der „richtigen Währung einzahlen". Und das macht die Kommunikation und damit die Beziehung leichter bzw. stabiler.

Die folgende Tab. 9.2 zeigt in einer Übersicht, woran man die unterschiedlichen Motive erkennt und welche

Tab. 9.2 Überblick über Motive und die komplementäre Beziehungsgestaltung

Motiv	Beschreibung	Personen streben nach	Personen vermeiden	Komplementäre Beziehungsgestaltung
Anerkennung	Bedürfnis, von anderen Personen positive Rückmeldungen über die eigene Person zu erhalten, als Person geschätzt, akzeptiert und respektiert zu werden	Karriere, Erfolg, Statussymbolen, positivem Feedback	Abwertung, Kritik, Misserfolge, Versagen	„Sie haben positive Eigenschaften" „Sie können XY" „Sie verfügen über eine Reihe von Kompetenzen" „Ich traue Ihnen viel zu"
Wichtigkeit	Bedürfnis danach, im Leben anderer eine bedeutsame Rolle zu spielen, wertvoll und wichtig zu sein	Aufmerksamkeit, Beachtung, wahrgenommen/ernst genommen zu werden, Kontakt	Ignoriert zu werden	„Ich höre Ihnen aufmerksam zu" „Ich nehme Sie ernst" „Ich arbeite gerne mit Ihnen zusammen"
Verlässlichkeit	Bedürfnis danach, von anderen Signalen zu erhalten, dass zwischenmenschliche Beziehungen stabil und berechenbar sind	Harmonie, Zugehörigkeit zu einer Gruppe, Stabilität in zwischenmenschlichen Beziehungen	Konflikte, Entscheidungen eigenständig zu treffen, entbehrlich zu werden	„Ich bin für Sie da" „Auch Kritik belastet unsere Arbeitsbeziehung nicht"

(Fortsetzung)

Tab. 9.2 (Fortsetzung)

Motiv	Beschreibung	Personen streben nach	Personen vermeiden	Komplementäre Beziehungsgestaltung
Solidarität	Bedürfnis danach, Unterstützung zu bekommen, wenn man sie benötigt	Unterstützung und Rückhalt durch andere, Loyalität	Zu starke Abhängigkeit von anderen, Illoyalität	„Ich unterstütze Sie, wenn Sie es brauchen" „Ich stehe an Ihrer Seite" „Wir schaffen das gemeinsam"
Autonomie	Bedürfnis, selbstständig zu sein und eigene Entscheidungen durchsetzen zu können	Unabhängigkeit, Selbstbestimmtheit, Macht	Reine Anweisungen befolgen, Einschränkungen, sich unterordnen	„Sie können selbst entscheiden" „Ich mache Ihnen keine Vorgaben/schreibe Ihnen nichts vor"
Grenzen	Bedürfnis danach, eigene Bereiche zu definieren, die der vollständigen Kontrolle unterliegen	Stärke, Sicherheit, Transparenz	Dominiert zu werden, vorschnelles Vertrauen	„Ich mache alles transparent" „Ich will Ihre Grenzen nicht überschreiten" „Hier passiert nichts, was Sie nicht möchten"

Beziehungssignale die Person jeweils braucht bzw. besonders bedeutsam sind (Sachse & Collatz 2015).

Die Umsetzung einer komplementären Beziehungsgestaltung trägt dazu bei, ein gutes Miteinander zu schaffen, und damit ist die Basis für gelegt, um auch in gegenseitiger Wertschätzung miteinander zu agieren, zu arbeiten, etwas zu gestalten. Es fördert auch klare und achtsame Kommunikation, denn ich bin mir meiner Aspekte und Themen bewusst und achte auch auf das Gegenüber. Vertrauen wird aufgebaut.

Langfristig entstehen dadurch stabilere und belastbarere Beziehungen, die sowohl im beruflichen als auch im privaten Umfeld von Vorteil sind.

9.4 Take home Message

Wenn wir uns unserer selbst bewusst sein wollen, ist es wichtig, sich selbst zu verstchen, welche Kommunikationsebene für einen selbst besonders relevant beim „Hören" ist. Und bei der Kommunikation ist es wesentlich, die drei Ebenen der Kommunikation so weit wie möglich bewusst zu gestalten, damit es passend für die jeweils andere Person ist. Das Ganze sollte authentisch geschehen, denn nur so wirkt es. Das, was ich sage und ausstrahle, sollte ich auch so denken und fühlen. So sind meine Signale auf allen Ebenen kongruent. Darüber hinaus ist es wichtig, keine Aussagen zu realisieren, die das Beziehungskonto überziehen. Und bei der Kommunikation bewusst im Blick zu haben, was die andere Person als „Beziehungssignale" braucht, damit wir nicht unbewusst die Person triggern.

Literatur

Collatz, A., & Sachse. (2011). *Klärungsorientiertes Coaching*. Hogrefe.

Sachse, R., & Collatz, A. (2015). *Spaß an der Arbeit trotz Chef*. Springer.

10

Was Sprache alles bewirken kann

Kapitel 10 zeigt eindrucksvoll, was positive Sprache alles bewirken kann. Sie erfahren, wie Sie mit bewusster Wortwahl sowohl Ihre eigene Stimmung als auch das Miteinander positiv beeinflussen. Durch den gezielten Einsatz von Metaphern, Affirmationen und lösungsorientierten Fragen lernen Sie, neue Perspektiven zu eröffnen und echte Motivation zu wecken. Ob in der Selbstreflexion oder im Gespräch mit anderen – durch positive Sprache fördern Sie Verständnis, Vertrauen und konstruktive Veränderungen.

„Worte schaffen Wirklichkeit." (Paul Watzlawick)

In der Welt der Kommunikation gibt es eine faszinierende Disziplin, die sich mit der Macht der Sprache und

---

Ergänzende Information Die elektronische Version dieses Kapitels enthält Zusatzmaterial, auf das über folgenden Link zugegriffen werden kann [https://doi.org/10.1007/978-3-662-71339-6_10]. Die Videos lassen sich durch Anklicken des DOI-Links in der Legende einer entsprechenden Abbildung abspielen, oder indem Sie diesen Link mit der SN More Media App scannen.

© Der/die Autor(en), exklusiv lizenziert an Springer-Verlag GmbH, DE, ein Teil von Springer Nature 2025
A. Collatz, E. Weinrich, *Angst überwinden, Nähe erleben*,
https://doi.org/10.1007/978-3-662-71339-6_10

ihrer Wirkung auf das menschliche Unterbewusstsein beschäftigt: die Hypnokommunikation. Diese Form der Kommunikation nutzt gezielte sprachliche Techniken, um positive Veränderungen im Denken und Verhalten zu fördern. Ein zentrales Element dieser Technik ist die bewusste Auswahl von Worten und Formulierungen. Denn Worte lösen ganz schnell und unbewusst etwas in uns aus. Wir wollen bei Ihnen das Bewusstsein für diese Wirkung schärfen und Sie sensibilisieren, wie leicht man mit kleinen Veränderungen große initiieren kann.

Liebe Leserin, lieber Leser: Wir bieten Ihnen im Folgenden verschiedene Ansätze, um Sprache bewusst anders zu gestalten und zu nutzen. Dies hat nach unseren Erfahrungen einen sehr positiven Einfluss auch auf das Gegenüber. Wir empfehlen, einen der Ansätze herauszugreifen. Nehmen Sie den, der Sie im ersten Moment am meisten anspricht. Experimentieren und spielen Sie mit diesem und seien Sie neugierig darauf, was Neues passiert und sich verändert. Ist dieser in Ihrem Alltag eingebaut, können Sie den nächsten Aspekt nehmen und weiter experimentieren. Sie werden überrascht sein, wie leicht und einfach es ist, und gleichzeitig, wie kraftvoll.

10.1 Die Nutzung von Metaphern

Wie wir im gesamten Buch immer wieder deutlich gemacht haben, liegt vieles im Umgang mit uns selbst und anderen. Dabei ist der verbale Ausdruck ein wichtiges Kommunikationsmittel, um in den Kontakt und den Austausch mit anderen zu kommen. Wir fokussieren uns jetzt auf den verbalen Ausdrucksteil, da man diesen auch am leichtesten beeinflussen kann. Ein bisschen Aufmerksamkeit darauf, mit Achtsamkeit gewürzt, und schon kann man mit wenig Aufwand eine große Wirkung entfalten.

10 Was Sprache alles bewirken kann

Ich gestalte meine Kommunikation sehr nach einem Ausspruch von Max Frisch. Er sagte einmal: „**Man sollte die Wahrheit dem anderen wie einen Mantel hinhalten, dass er hineinschlüpfen kann – nicht wie ein nasses Tuch um den Kopf schlagen.**" Dies ist einer meiner Leitsätze in der Kommunikation geworden. Die Leserinnen können sich dieses Bild vielleicht noch leichter vorstellen und auch nachempfinden als die Leser. Die Kunst ist dabei, den Mantel in der richtigen Höhe zu halten und dann in einem angemessenen Tempo – nicht zu schnell und auch nicht zu langsam – ihn so zu halten, dass der zweite Arm auch leicht in den Ärmel schlüpfen kann und dann der Mantel gen Schulter gezogen wird. Dieses Zitat ist eine Metapher. Schon in der Bibel werden viele Metaphern genutzt. Die Frage ist doch: warum?

Metaphern sind sprachliche Bilder, die dazu dienen, komplexe und abstrakte Inhalte anschaulicher und verständlicher zu kommunizieren. Sie ermöglichen es, Emotionen und Ideen auf eine Weise zu vermitteln, die oft einprägsamer ist als eine direkte Beschreibung.

Die Nutzung von Metaphern in der Kommunikation hat einige Vorteile:

1. **Veranschaulichung**: Metaphern helfen, abstrakte Konzepte greifbarer zu machen. Zum Beispiel kann man sagen: „Das Leben ist eine Reise", um den Verlauf des Lebens mit seinen Höhen und Tiefen zu verdeutlichen.
2. **Emotionale Ansprache**: Sie können starke emotionale Reaktionen hervorrufen und die Hörenden auf einer tieferen Ebene ansprechen. Und helfen damit, eine innere Distanzierung von Stressmomenten zu ermöglichen.
3. **Kreativität**: Metaphern fördern kreatives Denken und können neue Perspektiven eröffnen und neue Ideen stimulieren. Es wird dadurch auch angeregt, neue Assoziationen und damit eine neue Sichtweise auf etwas zu entwickeln.

4. **Kulturelle Verankerung**: Viele Metaphern sind kulturell geprägt und können gemeinsame Werte oder Erfahrungen widerspiegeln. Sie schaffen damit auch eine emotionale Gemeinsamkeit.
5. **Erinnerungswert**: Durch ihre bildhafte Sprache bleiben Metaphern oft besser im Gedächtnis und regen auch Erinnerungen an.
6. **Widerstand**: Durch die Nutzung wird ein innerer Widerstand beim Gegenüber umgangen, denn die direkte Sprache wird umgangen.

Wenn man Metaphern nutzt, ist es hilfreich zu beachten, an welche das Gegenüber andocken kann, zu welchen Bildern die andere Person am leichtesten Zugang hat.

Wenn Max mit seinen Kollegen spricht, nutzt er vielleicht ein Bild aus dem Fußball. Dieses kann für Kolleginnen vielleicht schwerer nachvollziehbar sein, wenn sie dazu keinen Zugang haben.

Neben den Zielgruppen gilt es auch, den Kontext im Blick zu haben, denn je nach Situation kann eine Metapher eine andere Bedeutung haben – besonders im interkulturellen Kontext.

So hilfreich und nützlich Metaphern auch sind, es kann auch ein Zuviel davon geben. Dadurch kann die Klarheit der Botschaft auch eingeschränkt werden. Und gleichzeitig, richtig dosiert, ist dieses kraftvolle Kommunikationswerkzeug wunderbar.

10.2 Die Macht der positiven Formulierungen

In diesem Kapitel werden wir uns darauf konzentrieren, wie man durch den Verzicht von bestimmten negativen Begriffen, wie „nicht" oder „keine", eine tiefere Verbindung zum Unbewussten herstellen kann, wie man sein Gegenüber dadurch leichter mitnehmen kann und leicht Widerstände abbaut bzw. sogar umgeht.

Erklären wir das Ganze am Beispiel einer unserer Protagonisten.

Max steht vor der Situation, dass ein Mitarbeiter eine Präsentation über ein Projekt halten soll, die bedeutsam für die Abteilung ist. Es gibt also einen Erfolgsdruck. Nun will Max helfen, dass die Person die Angst vor dem Sprechen in der Öffentlichkeit verliert.

Eine gängige Aussage könnte lauten: „Versuche, nicht nervös zu sein." Doch was passiert hier? Das Gehirn hat Schwierigkeiten, das Wort „nicht" zu verarbeiten. Stattdessen wird oft nur das Bild des Nervös-Seins im Kopf des Zuhörers aktiviert. Der Fokus liegt also auf dem, was vermieden werden soll, statt auf dem gewünschten Zustand.

Anstatt zu sagen: „Versuche, nicht nervös zu sein", könnte Max formulieren: „Du bist ruhig und selbstsicher, wenn du sprichst." Diese positive Formulierung lenkt die Aufmerksamkeit auf das gewünschte Gefühl und schafft ein Bild von Gelassenheit und Selbstvertrauen.

Ein weiterer wichtiger Aspekt der Hypnokommunikation ist die Fähigkeit, durch Sprache Bilder im Kopf des Zuhörers zu erzeugen. Wenn wir Wörter verwenden, die Emotionen und Bilder hervorrufen, können wir das Unbewusste direkt ansprechen.

Nun gehen wir bei unserem Beispiel noch einen Schritt weiter: Nach der Präsentation sollen Q&As stattfinden. Der Mitarbeiter von Max hat Sorge, dass er sich nicht an alles erinnert, was bei dem Projekt relevant ist und er auf kritische Fragen keine Antwort weiß.

Anstatt zu sagen: „Vergiss nicht, dich an die Details zu erinnern", könnte er sagen: „Stell dir vor, wie jede neue Information wie ein Lichtstrahl in deinem Geist leuchtet und dir hilft, klarer zu denken." Oder: „Und ich weiß, dass du so tief in dem Projekt drin bist, dass es dir ganz leichtfällt, alle Fragen entsprechend zu beantworten. Und denk daran: Du bist der Profi und die anderen fragen dich." Hierbei wird ein positives Bild geschaffen, das den Lernprozess unterstützt.

Auf die Worte „nicht" und „keine" zu verzichten kann helfen, eine bewusst positivere und klarere Sprache zu entwickeln. Statt Negationen zu verwenden, wird der Fokus auf das gewünscht Positive gelegt, was die Kommunikation konstruktiver und lösungsorientierter gestaltet. Dies fördert darüber hinaus ein besseres Verständnis.

10.3 Die Bedeutung von Affirmationen

Affirmationen sind kraftvolle Werkzeuge in der Hypnokommunikation. Sie sind positive Aussagen über sich selbst oder über eine Situation, die dazu dient, das Unbewusste neu auszurichten. Indem wir negative Formulierungen vermeiden und stattdessen positive Bestätigungen verwenden, können wir unser Denken transformieren. Positive Affirmationen sind für einen selbst hilfreich und man kann diese auch in Gesprächen mit anderen nutzen. Affirmationen laut auszusprechen ist hilfreich. Warum?

Wenn wir unsere Gedanken und Überzeugungen laut aussprechen, erzeugen wir eine physische Resonanz. Unsere Stimme ist nicht nur ein Werkzeug zur Kommunikation; sie ist auch ein Ausdruck unserer inneren Welt. Wenn wir positive Affirmationen laut aussprechen, senden wir Schwingungen durch unseren Körper und in die Umgebung. Diese Schwingungen können uns helfen, unsere Emotionen zu klären und unser Selbstbewusstsein zu stärken.

Die Vibrationen unserer Stimme aktivieren bestimmte Bereiche im Gehirn, die mit Emotionen und Erinnerungen verbunden sind. Indem wir positive Worte laut aussprechen, programmieren wir unser Unbewusstes neu und schaffen eine stärkere Verbindung zwischen unseren Gedanken und unserem emotionalen Zustand.

Das laute Aussprechen von Affirmationen hat auch körperliche Vorteile. Wenn wir sprechen, atmen wir tiefer und bewusster. Diese bewusste Atmung kann Stress reduzieren und das Nervensystem beruhigen. Studien haben gezeigt, dass das Sprechen von positiven Affirmationen den Cortisolspiegel senken kann – ein Hormon, das mit Stress in Verbindung steht (Koosis 2024).

Darüber hinaus aktiviert das laute Aussprechen von Affirmationen die Muskulatur des Zwerchfells und fördert eine bessere Sauerstoffversorgung des Körpers. Dies führt zu einem Gefühl der Vitalität und Energie. Wenn wir uns selbst ermutigen und bestärken, spüren wir oft eine körperliche Erleichterung – als ob eine Last von unseren Schultern genommen wird.

Positive Affirmationen sind im Präsens und positiv formuliert.

Ein Beispiel: Lisa startet ihren ersten Job. Alles ist neu und sie kann noch auf keine wirkliche berufliche Erfahrung zurückgreifen. Der erste Job ist nicht mit einem Praktikum zu vergleichen. Statt in der Negativschleife ihrer Gedanken zu verbleiben, kann Lisa sich sagen: *„Ich wachse mit jeder neuen Herausforderung und lerne aus meinen Erfahrungen."* Lisa geht damit aus der fixierten Angst heraus und fördert ein Gefühl von Wachstum, Resilienz und vielleicht sogar etwas Freude auf das, was kommt.

Übertragen auf die Kommunikation mit anderen, gehen wir zu Max. Sein Mitarbeiter hat die Präsentation vor sich und je nervöser er ist, desto komplizierter drückt er sich aus. Anstelle von *„Du drückst dich oft unklar und kompliziert aus"*, kann Max stattdessen zu ihm sagen: *„Ich weiß, dass du in der Lage bist, deine Gedanken klar zu formulieren."*

Die Prinzipien der Hypnokommunikation lassen sich leicht in den Alltag integrieren. Ob in Gesprächen mit Freunden oder in beruflichen Kontexten – die bewusste Wahl positiver Formulierungen kann einen erheblichen Unterschied machen.

Die Kunst der Hypnokommunikation zeigt uns eindrucksvoll, wie wichtig unsere Wortwahl ist. Indem wir negative Begriffe meiden und stattdessen positive Formulierungen wählen, können wir nicht nur unsere eigene Denkweise beeinflussen, sondern auch die unserer Mitmenschen. Durch diese bewusste Praxis schaffen wir eine Umgebung des Wachstums und des positiven Wandels – sowohl für uns selbst als auch für andere. Gehen Sie achtsam mit ihren Worten um und nutzen Sie die Kraft der Sprache! Sie werden überrascht sein, welche Wirkung keine Veränderungen in der Sprache bewirken können.

10.4 Die Techniken Paraphrasieren, Explizieren und die Kraft der „Was"-Fragen

In der Welt der Kommunikation sind bestimmte Gesprächstechniken von entscheidender Bedeutung, um das Verständnis zu vertiefen und eine tiefere Verbindung zum Gesprächspartner herzustellen. Also besser einander zu verstehen. Zu diesen Techniken gehören das Paraphrasieren, das Explizieren und die Verwendung von „Was"-Fragen.

Paraphrasieren – Das Echo des Verstehens
Paraphrasieren ist eine Technik, bei der man die Aussagen des Gesprächspartners in eigenen Worten kurz wiederholt und zusammenfasst. Diese Methode zeigt nicht nur, dass man aktiv zuhört, sondern hilft auch dabei, Missverständnisse zu klären und das Gesagte zu vertiefen.

Explizieren – Klarheit schaffen
Explizieren bedeutet, Informationen oder Gedanken klarer und detaillierter auszudrücken und auch das auszusprechen, was zwischen den Zeilen gesagt wurde oder was man wahr-

genommen hat. Oftmals verwenden Menschen vage Begriffe oder lassen wichtige Details weg. Durch das Explizieren können wir sicherstellen, dass alle Beteiligten auf der gleichen Seite sind. Das Explizieren geht damit noch einen Schritt weiter als die Paraphrasierung.

Die Kraft der „Was"-Fragen
„Was"-Fragen sind besonders effektiv in der Kommunikation. Sie sind neben *Wie-* und *Warum*-Fragen offene Fragen. Sie fördern das Nachdenken und helfen dem Gesprächspartner, seine Gedanken klarer zu formulieren. Warum-Fragen zielen besonders auf die kognitive/rationale Ebene ab und entsprechend fällt dann auch die Antwort aus.

Wie-Fragen heben eher auf die emotionale Ebene ab und Was-Fragen vereinen die rationale und die emotionale Ebene miteinander.

Beispiele für Was-Fragen:

- Was heißt xy für dich?
- Was löst das bei dir aus?
- Was genau macht dir xy?
- Was genau meinst du mit xy?

Gehen wir noch einmal zu Max zurück. Er ist in einem Teammeeting. Einer der Teilnehmenden äußert sich kritisch hinsichtlich des Ansatzes, um ein Projekt nach vorne zu bringen. Max könnte paraphrasieren: *„Ich verstehe, dass du unseren Ansatz für nicht erfolgreich hältst. Was genau lässt dich so denken?"*

Durch die Explizierung hat Max auf den Punkt gebracht, was er verstanden und wahrgenommen hat, und holt alle Beteiligten damit ab. Die darauf folgende Was-Frage führt dazu, dass die angesprochene Person nun auf dieser Basis antwortet und der Verstehensprozess vertieft wird. Denn erst wenn ich verstehe, was mein Gegenüber meint, kann ich eine Lösung oder ein gemeinsames Vorgehen oder Verständnis entwickeln.

10.5 Die Sprache der Möglichkeiten – warum wir „müssen" und „versuchen" vermeiden sollten

Sprache ist ein mächtiges Werkzeug, das nicht nur unsere Gedanken und Gefühle ausdrückt, sondern auch unser Verhalten beeinflusst. In der Kommunikation ist es entscheidend, wie wir uns ausdrücken. Zwei Wörter, die oft in unserem alltäglichen Sprachgebrauch vorkommen, sind „müssen" und „versuchen". Diese Begriffe können jedoch negative Konnotationen hervorrufen und unser Unbewusstes auf eine Weise beeinflussen, die uns nicht dienlich ist.

Die Last des „Müssens"
Das Wort „müssen" impliziert Zwang und Druck. Wenn wir sagen, dass wir etwas „müssen", setzen wir uns selbst unter Stress und schaffen ein Gefühl der Verpflichtung. Dies kann zu Widerstand führen und die Motivation verringern.

Stellen Sie sich vor, dass jemand sagt: *„Ich muss heute Abend noch Sport machen."* Diese Formulierung erzeugt sofort einen inneren Druck. Der Gedanke an den Sport wird mit einer Pflicht verbunden, was den Prozess unangenehm macht. Stattdessen könnte man sagen: *„Ich möchte heute Abend noch Sport machen."* Oder: *„Es tut mir gut, heute Abend noch Sport zu machen."* Diese positive Umformulierung schafft eine Wahlfreiheit und fördert eine intrinsische Motivation.

Die Unsicherheit des „Versuchens"
Das Wort „versuchen" vermittelt oft eine gewisse Unsicherheit oder Ambivalenz. Es lässt Raum für Ausreden und kann dazu führen, dass man sich nicht vollständig verpflichtet fühlt. Wenn wir sagen, dass wir etwas versuchen werden, signalisieren wir oft, dass wir nicht sicher sind, ob wir es tatsächlich tun werden oder ob wir es schaffen. Wir

verbinden mit dem Wort „versuchen" auch den Irrtum und im Worst Case das Scheitern.

Wenn jemand sagt: *„Ich werde versuchen, mehr Sport zu treiben"*, klingt das zwar positiv, aber es bleibt unklar, ob diese Person wirklich bereit ist, ihr Ziel zu verfolgen. Eine stärkere Formulierung wäre: *„Ich treibe regelmäßig Sport."* Diese Aussage zeigt Entschlossenheit und Engagement.

Alternativen zur positiven Formulierung
Um die negativen Auswirkungen von „müssen" und „versuchen" zu vermeiden, können wir alternative Formulierungen verwenden, die unsere Absichten klarer und positiver kommunizieren.

Anstelle von

- *„Ich muss meine Aufgaben erledigen."*
könnte man sagen:
- *„Ich wähle es, meine Aufgaben jetzt zu erledigen."*

Diese Umformulierung betont die eigene Entscheidungskraft und schafft ein Gefühl der Kontrolle über die Situation.

Versuchen kann man sehr gut ersetzen durch das Wort Ausprobieren. Anstelle von

- *„Ich werde versuchen, regelmäßig Sport zu machen."*
könnte man sagen:
- *„Ich probiere, regelmäßig Sport zu machen"* oder *„Ich mache regelmäßig Sport."*

Diese klare Aussage signalisiert Entschlossenheit und Verantwortung für das eigene Handeln.

Die bewusste Wahl unserer Wörter kann in vielen Lebensbereichen angewendet werden – sei es im persönlichen Umfeld oder im Berufsleben. Indem wir auf unsere Sprache achten und negative Begriffe durch positive Alternativen ersetzen, können wir unsere Denkweise verändern und unser Verhalten positiv beeinflussen.

Wir bleiben bei dem Teammeeting von Max. Er könnte sagen: *„Wir müssen dieses Projekt bis Freitag abschließen."* Stattdessen könnte Max es besser formulieren, indem er sagt: *„Lasst uns gemeinsam daran arbeiten, dieses Projekt bis Freitag abzuschließen."* Diese Formulierung fördert Zusammenarbeit und Teamgeist anstelle von Druck.

Die Worte und Wörter, die wir wählen, haben einen tiefgreifenden Einfluss auf unser Denken und Handeln. Indem wir auf Begriffe wie „müssen" und „versuchen" verzichten und stattdessen positive Alternativen verwenden, schaffen wir eine Sprache der Möglichkeiten. Diese bewusste Sprachwahl fördert nicht nur unser eigenes Wohlbefinden, sondern auch das unserer Mitmenschen.

10.6 Die Vermeidung des Wortes „aber" in der Kommunikation

Das kleine Wort „aber" hat in der zwischenmenschlichen Kommunikation eine erstaunlich große Wirkung. Es ist nur drei Buchstaben lang, doch es kann ganze Stimmungen kippen, Argumente entkräften und Gespräche in eine andere Richtung lenken. Was macht „aber" so kraftvoll, und warum lohnt es sich, bewusst damit umzugehen?

„Aber" dient dazu, zwei Gedanken miteinander zu verknüpfen, die sich scheinbar widersprechen. Häufig setzen wir es ein, um Einwände zu formulieren oder um einen positiven Aspekt durch einen negativen zu relativieren. Beispiel:

„Das war eine gute Idee, aber es hat nicht funktioniert."

Der erste Teil des Satzes lobt, der zweite Teil nimmt das Lob jedoch unmittelbar zurück. Dadurch bleibt beim Gegenüber oft nur der zweite, kritische Teil hängen. Das

Wort „aber" hat die Kraft, den Fokus von einer positiven Botschaft auf eine negative zu verschieben.

In emotional aufgeladenen Situationen kann „aber" wie ein Abrisskommando wirken. Es signalisiert: „Ich sehe deinen Punkt, doch ich stimme dir nicht wirklich zu." In der Folge fühlen sich Gesprächspartner häufig unverstanden oder abgelehnt – auch wenn das gar nicht beabsichtigt war.

Warum ist das so?

Unser Gehirn nimmt „aber" als eine Art Wendepunkt wahr. Es wirkt wie ein Stopp-Schild, das den vorherigen Gedankengang abrupt beendet und uns auf eine neue Spur lenkt. Dieser Bruch kann dazu führen, dass wir die positiven Aspekte eines Satzes nicht mehr vollständig wahrnehmen, weil die darauffolgende Einschränkung alles überschattet.

Die gute Nachricht: Wir können bewusst mit „aber" umgehen und es durch weichere oder verbindendere, positiver konnotierte Formulierungen ersetzen. Hier sind einige Möglichkeiten:

- **„Und" statt „aber"**: „Das war eine gute Idee, und wir können sie noch weiterentwickeln."

  Durch „und" entsteht ein Gefühl der Zusammenarbeit und Wertschätzung. Der Satz betont die positive Grundlage, ohne sie zu relativieren.
- **„Gleichzeitig"** oder **„Dennoch"**: „Das war eine gute Idee, gleichzeitig hat sie nicht wie erhofft funktioniert."

  Diese Wörter wirken neutraler und weniger konfrontativ. Sie laden zu einer differenzierten Betrachtung ein.
- **Ein neuer Satz**: „Das war eine gute Idee. Leider hat sie noch nicht funktioniert. Vielleicht können wir daran arbeiten, sie zu verbessern."

  Indem wir zwei kurze Sätze bilden, vermeiden wir den abrupten Wechsel und geben beiden Gedanken Raum.
- Weitere Möglichkeiten, um das Wort **aber** zu vermeiden und zu ersetzen, sind:

- Während
- Genauso wie
- Und gleichzeitig
- Während
- Einerseits und andererseits
- Obwohl

Eine kleine Übung
Achten Sie in Gesprächen darauf, wie oft Sie „aber" verwenden, und probieren Sie Alternativen aus. Wenn Sie jemandem ein Feedback geben, beginnen Sie bewusst mit den positiven Aspekten und verbinden Sie diese konstruktiv mit Verbesserungsvorschlägen. Beobachten Sie, wie sich die Wirkung Ihrer Wörter ändert.

Das Wort „aber" ist ein kraftvolles Werkzeug – doch wie bei jedem Werkzeug liegt es an uns, wie wir es einsetzen. Wenn wir lernen, es durch verbindendere Alternativen zu ersetzen, können wir Missverständnisse vermeiden, Beziehungen stärken und unsere Kommunikation insgesamt harmonischer gestalten.

10.7 Die Rolle von Schuld, Leid und Verlust in der Kommunikation

Besonders die Begriffe „Schuld", „Leid" und „Verlust" sind Themen, die sowohl in persönlichen als auch in professionellen Kontexten auftauchen und mit negativen Emotionen verbunden sind und sogar Angst erzeugen können. Und wie wir schon in Abschn. 1.2.3 beschrieben haben, sind das keine guten Ratgeber. Diese Konzepte können negative Assoziationen bei uns selbst und beim Gegenüber hervorrufen und die Kommunikation belasten. Und diese negativen Emotionen können uns auch blockieren. Wir haben schon in den ersten Kapiteln über die Rolle und Bearbeitung von Angst geschrieben.

Wie oft benutzen wir Ausdrücke wie „Es ist meine Schuld" oder „Es tut mir leid". Denken Sie darüber nach? Reflektieren Sie in solchen Momenten, warum Sie diese Sätze nutzen? Sie tragen definitiv eine enorme emotionale Kraft in sich. In der Kommunikation haben sie das Potenzial, Brücken zu bauen oder Wunden zu vertiefen. Doch wie wirken sie genau? Und was passiert, wenn wir sie aussprechen oder uns verweigern?

10.7.1 Die Bedeutung von Schuld eingestehen

„Es ist meine Schuld" – ein Satz, der schwer über die Lippen kommen kann. Er bedeutet, Verantwortung zu übernehmen, und signalisiert dem Gegenüber: Ich erkenne an, dass mein Handeln negative Konsequenzen hatte. Dieser Moment des Eingeständnisses schafft Raum für Ehrlichkeit und Versöhnung. Gleichzeitig fordert er vom Gegenüber, diese Schuld anzuerkennen und bestenfalls zu vergeben.

Max arbeitet an einem wichtigen Projekt. Er vergisst eine zentrale Deadline, was dazu führt, dass der Kunde abspringt. Als sein Chef Max darauf anspricht, sagt er: „Es ist meine Schuld." Er meint damit: Ich habe die Verantwortung für diesen Fehler. Diese Aussage zeigt Reife und das Bewusstsein, dass seine Handlung Folgen hatte. Max nimmt seinem Chef den Wind aus den Segeln, bevor sich ein größerer Konflikt entfalten kann.

Doch das Eingeständnis von Schuld birgt auch Risiken. Wer zu oft „Es ist meine Schuld" sagt, ohne dass darauf ein echtes Veränderungsbemühen folgt, verliert an Glaubwürdigkeit und das Gegenüber kann sich sogar etwas veralbert fühlen. Es sind also Authentizität dabei gefragt und eine ehrliche Grundhaltung und Lernbereitschaft.

10.7.2 Die Macht der Entschuldigung

„Es tut mir leid" – eine der häufigsten und zugleich schwierigsten Sätze in der zwischenmenschlichen Kommunikation. Gerade bei Kindern ist es wichtig, dass sie lernen, sich zu entschuldigen. Vielen fällt es schwer. Eine echte, ehrliche Entschuldigung zeigt Empathie und das Bemühen, den Schmerz oder das Leid, das verursacht wurde, anzuerkennen. Und gleichzeitig deutlich zu machen, dass es ohne Absicht geschah.

Es gehört Größe dazu, Farbe zu bekennen und die Verantwortung für sein Handeln zu übernehmen. Gleichzeitig gibt es keinen besseren Lehrmeister. Vorausgesetzt, man setzt sich bewusst mit seinem Handeln auseinander und lernt etwas daraus.

Steht man zu seinem Anteil, dann liegt es am Gegenüber, zu ENT-schulden. Es braucht also jemanden, der sagt oder eine entsprechende Geste zeigt, die deutlich macht: Dir ist vergeben. Dann wird die emotionale Entschuldung in Gang gesetzt und kann die beiden Personen oder Parteien sogar näher zusammenbringen und die Beziehung stärken. Immer vorausgesetzt, sie kommen von Herzen.

Eine hohle Entschuldigung hingegen – etwa ein beiläufiges „Sorry, war keine Absicht" – kann die Situation verschlimmern. Sie vergrößert den Schmerz des Gegenübers und zeigt fehlende Reue.

10.7.3 Wirkung und Balance

Die Kraft von „Es ist meine Schuld" und „Es tut mir leid" liegt in ihrer Aufrichtigkeit. Sie öffnen einen Raum für Heilung, erfordern jedoch auch eine Balance. Wer sich zu oft entschuldigt oder Schuld auf sich nimmt, kann als schwach wahrgenommen werden. Andererseits führt das Verweigern einer Entschuldigung oft zu einer Eskalation von Konflikten.

Wenn wir lernen, bewusst mit Schuld und Leid umzugehen, gewinnen unsere Beziehungen an Tiefe und Echtheit. Es sind nicht die Fehler, die uns definieren, sondern die Art, wie wir mit ihnen umgehen.

10.8 Magische Worte und ihre Wirkung

„Wenn ich das Wort nur schon höre …". Diesen Ausdruck kennen wir alle und nutzen ihn garantiert auch. Es wird bei jedem von uns bei bestimmten Begriffen etwas in Gang gesetzt – positiver oder negativer Art –, nämlich das, was wir damit verbinden. Dies ist interindividuell unterschiedlich. Unser Gehirn merkt sich nicht nur ein Wort, sondern auch alle damit verbundenen emotionalen und körperliche Erfahrungen. Und genau hier setzt die Magic-Word-Methode an.

Magic Words – dieser Begriff steht nicht nur für besonders wirkungsvolle Wörter, sondern auch für eine konkrete Methode, entwickelt von der Psychologin Cora Besser-Siegmund. Diese Methode beschäftigt sich insbesondere mit der negativen Bahnung von Wörtern und deren Auswirkungen auf das Unbewusste. Sie umfasst 11 gezielte Schritte, um die emotionale und mentale Wirkung negativ geprägter Wörter zu entschärfen und durch positive Alternativen zu ersetzen. Doch warum gibt es diese negative Bahnung, und wie funktioniert die Methode?

Sprache beeinflusst unser Denken und Fühlen tiefgreifend. Einige Wörter tragen aufgrund von wiederholten negativen Erfahrungen oder gesellschaftlichen Prägungen eine belastende emotionale Ladung. Wörter wie „Versagen", „Steuererklärung" oder ein bestimmter Name sind Beispiele für Begriffe, die unser Unbewusstes oft automatisch mit negativen Gefühlen verbindet. Diese Bahnung entsteht durch neuronale Muster, die sich durch Wiederholung verstärken.

Negative Bahnung kann dazu führen, dass wir auf bestimmte Reize mit Angst, Blockaden oder negativen Selbstgesprächen reagieren. Das Unbewusste unterscheidet dabei nicht zwischen realen Gefahren und bloßen Begriffen; es reagiert auf die Bedeutung, die wir den Wörtern zuschreiben.

Es können auch Begriffe wie „Führerscheinprüfung", „Zahnarzt" oder „Englisch" sein, die diese negativen Reaktionen in uns hervorrufen. Sie sind durch individuelle Erfahrungen geprägt.

10.8.1 Erklärung der Methode

Die Magic-Words-Methode besteht aus 11 Schritten, die darauf abzielen, die emotionale Wirkung negativ geprägter Wörter zu neutralisieren und durch positive Bahnungen zu ersetzen. Sie kombiniert Elemente der Neurolinguistik, Hypnotherapie und Ressourcenorientierung.

Die Methode ist einfach und wirksam gleichermaßen. Wir haben die Methode so entsprechend modifiziert, dass man diese auch allein anwenden kann, und an uns selbst ausprobiert und waren sehr überrascht, wie leicht es geht und Effekte zeigt.

Wir beschreiben die Methode direkt an einem Beispiel von Lisa. Das macht es direkt anschaulicher und wird bei dem einen oder anderen Lesenden vielleicht sogar schon Impulse auslösen, um es selbst auszuprobieren.

Lisa ist noch neu im Job. Sie soll erste Arbeitsergebnisse der Projektgruppe, der sie angehört, im größeren Kreis und vor einigen Vorgesetzten vorstellen. Sie kennt die Zuhörenden nicht, ist also aufgeregt, denn erschwerend kommt dazu, dass Lisa das Ganze auf Englisch machen soll. Sie ist es gewöhnt, Texte auf Englisch zu lesen, aber eine Präsentation mit anschließenden Q&As ist etwas anderes. Auf die Frage hin, was sie am meisten daran stresst und Angst auslöst, ist die Antwort: Dass ich das auf Englisch machen soll.

Das Problemwort heißt ENGLISCH.

Nun ist die Frage, welche anderen Begrifflichkeiten rund um das Wort ENGLISCH assoziiert Lisa damit negativ?

Es fallen Begriffe wie: Schule, Grammatik, Noten, spontan, Frau Burkhard[1] (so hieß ihre Englischlehrerin).

Die Wörter und Wortassoziationen werden auf eine Liste geschrieben und Lisa testet nun die Wörter mithilfe eines kinesiologischen Tests. In verschiedenen körperorientierten Methoden nutzt man diese Methode. Es gibt dabei diverse Variationen. Die einzige Möglichkeit, um dies allein machen zu können, ist die, dass man sich hinstellt, vorher genug getrunken hat, die Augen schließt und „ja" halblaut oder murmelnd ausspricht (Achtung: es braucht die hörbare Aussprache). Man beobachtet dann, ob der Körper sich leicht nach vorne bewegt. Funktioniert es nicht, dann bitte einfach noch etwas mehr Wasser oder Tee trinken und oder 1–2 min die Thymusdrüse klopfen. Diese befindet sich hinter dem Brustbein und man nutzt alle 5 Fingerspitzen und stimuliert diese leicht. Dann noch einmal probieren. Bei manchen Personen braucht es etwas Übung oder ein bewusstes Loslassen. Der Körper bewegt sich von allein.

Nun das Gleiche mit dem Wort **„nein"**. Hier geht die Bewegung des Körpers bei den meisten Menschen nach

---

[1] Der Name ist erfunden und dient nur der Veranschaulichung. Es gibt keinerlei Überschneidungen zu realen Personen.

hinten. Es kann auch nur ein leichter Impuls sein, den sie spüren.

„Ja" mit der Vorwärtsbewegung steht für ein positiv belegtes Wort. „Nein" mit der Rückwärtsbewegung steht für ein negativ belegtes Wort. Man kann auch „ja" und „nein" durch „positiv" und „negativ" ersetzen. Es geht darum, im Vorfeld zu testen, in welche Richtung sich der Körper bewegt.

Lisa testet jetzt alle 6 Wörter durch.

1. Englisch – sehr stark negativ belegt
2. Schule – positiv belegt – entfällt also zur Bearbeitung
3. Grammatik – negativ belegt, aber etwas weniger als Englisch
4. Noten – positiv belegt – entfällt also zur Bearbeitung
5. Spontan – leicht negativ belegt
6. Frau Burkhard – leicht negativ belegt

Positiv belegte Worte entfallen bei der weiteren Bearbeitung.

Das Schlüsselwort ist ENGLISCH. Nun gilt es, das Wort mit allen Sinnen zu erleben:

Lisa beschreibt, mit welchen *visuellen* Merkmalen das Wort versehen ist. Wie dieses Wort vor ihrem inneren Auge geschrieben aussieht. Am besten ist es, Sie schreiben es sich wirklich auf. Achten Sie dabei darauf, ob es Handschrift oder Druckschrift ist, die Größe, die Farbe, gedruckt, der Hintergrund. Darüber hinaus, mit welchen *akustischen* Qualitäten ist das Wort versehen? Welche Stimme sagt es? Welches Tempo? Welche Lautstärke? Welche Stimmqualität?

Mit welchen *Gefühlen* oder welcher *Haptik* ist das Wort verbunden? Ist es hart oder weich? Wie ist die Oberflächenstruktur des Wortes? Welche Temperatur hat das Wort?

Und zu guter Letzt: Hat das Wort einen *Geruch* und oder einen *Geschmack*?

ENGLISCH

In diesem Bild kann der Leser das Wort „Englisch" sehen. Das Wort ist vollständig in fetten, schwarzen Großbuchstaben geschrieben, wobei die Buchstaben sich fast berühren.

Das Wort ist bei Lisa groß, kantig, wird von einer lauten, männlichen Stimme gebrüllt, es ist kalt, an den Ecken kann man sich verletzten, weil es sehr spitz ist, es ist gedruckt, furchteinflößend durch das Schwarz.

Im nächsten Schritt soll Lisa neue sinnliche Erfahrungen mit dem Wort kreieren. Hier ist spielerische Kreativität gefragt.

- Wie soll das Wort jetzt aussehen?
- Wie soll es sich anhören?
- Wie soll es sich anfühlen?
- Mit welchen anderen Sinnen kann man das Wort noch verbinden?

Das veränderte Wort wird in dieser Abbildung dargestellt. Mitten auf einem beigefarbenen Hintergrund ist das Wort „Englisch" in blauer Schreibschrift zu sehen. 5 Luftballons hängen an den Buchstaben, und zwar an den

Buchstaben E, g, l, c und h. Die Schnur geht senkrecht nach oben, der Luftballon ist nur durch eine ovale Form hinzugefügt.

So sieht das Wort nun aus. Auf hellem Hintergrund, mit der Hand geschrieben, und eine weibliche angenehme Stimme spricht es aus. Die Luftballons bringen Leichtigkeit in das Wort und es ist, als schwebe es davon und werde durch die Luft getragen. Lisa sagt, es mache ihr gute Laune, es sich so anzusehen. Nachdem sie es so gestaltet hat und es betrachtet, wiederholt Lisa den kinesiologischen Test. Nun ist es positiv belegt. Sie spricht das Wort ENGLISCH aus und ihr Körper kippt leicht nach vorne.

Lisa macht sich ein Foto von Ihrem neu geschriebenen Wort und hinterlegt es auf Ihrem Handy als Bildschirmhintergrund. So wird sie innerhalb der nächsten 2 Wochen immer wieder daran erinnert. Die neue Bahnung kann sich dadurch etablieren.

Alle anderen drei Begrifflichkeiten (Grammatik, spontan und der Name der Lehrerin) sind bei der neuen Testung nun auch positiv belegt.

Geschafft. Nun kann Lisa sehr optimistisch der Präsentation der Ergebnisse entgegensehen. In Tab. 10.1 sind die einzelnen Schritte zur besseren Übersicht noch einmal aufgeführt.

Die Magic-Words-Methode bietet einen klaren und effektiven Weg, die Macht der Sprache zu nutzen, um negative Bahnungen zu lösen und durch positive Alternativen zu ersetzen. Diese Methode zeigt, dass wir nicht Gefangene unserer Sprache und unserer Gedanken sein müssen – wir können sie bewusst gestalten, um ein freieres und positiveres Leben zu führen.

Tab. 10.1 Kurzdarstellung des Ablaufs

Einzelne Schritte	Erläuterung
1. Das Problem identifizieren	Der erste Schritt ist, ein belastendes Wort oder eine belastende Phrase zu erkennen, die im Alltag negative Emotionen auslöst
2. Stresswortliste anfertigen	Welche anderen Wörter gehören noch zu dem Problem?
3. Wörter durch kinesiologischen Test bewerten	Welche Wörter von der Liste sind stark belastet und welche weniger?
4. Zentrales Wort auswählen	
5. Wortstrukturanalyse machen	Die verschiedenen Sinne dafür mit dem Wort in Verbindung bringen
6. Neue sinnliche Erfahrungen mit dem Wort erschaffen	Auch auf Basis der verschiedenen Sinne
7. Wirkung der Veränderung kinesiologisch testen	Hat das Wort sich verändert und ist es positiv geworden durch die Veränderung?
8. Ggf. Punkt 6 wiederholen oder vertiefen	Wenn Wirkung noch nicht ausreicht
9. Anker schaffen	Um die Wirkung innerhalb der nächsten 14 Tagen zu vertiefen
10. Alle anderen Wörter aus Stresswortliste testen	Haben sich die anderen Wörter auch schon positiv verändert?
11. Dem Gehirn 2–3 Wochen Zeit geben, um die Veränderung zu verankern	Häufig tritt Veränderung spontan ein

10.9 Take Home Message

Die bewusste und achtsame Gestaltung der Sprache ist einer der Schlüssel, um in ein besseres Miteinander zu kommen. Wir haben beschrieben, wie Wörter unsere Wirkung auf andere und unser Selbstbild beeinflussen. Der Verzicht auf bestimmte Wörter und das Ersetzen durch andere Formulierungen führen dazu, dass wir uns der Kraft der Wörter bewusst werden und Sprache so nutzen, dass wir Verbindungen schaffen statt Distanz. Durch eine gezielte Wortwahl kann Kommunikation liebevoller, bewusster und wirkungsvoller gestaltet werden. Letztlich zeigt das Kapitel, wie Sprache zu einem Werkzeug für Empathie und Klarheit werden kann.

Das folgende Video veranschaulicht die Magic-Word-Methode anhand eines Beispiels. Wer dem Verfahren also gern mit mehreren Sinnen folgen will, ist eingeladen, das Video zu schauen.

(▶ https://doi.org/10.1007/000-hfc)

Literatur

Koosis, L. (2024, September 30). The science of affirmations: The brain's response to positive thinking. Online im Internet: www.mentalhealth.com/tools/science-of-affirmations. Zugegriffen am 03.01.2025, MEZ: 10.24.

11

Ausblick

Liebe Leserin, lieber Leser,

danke, dass Sie bis hierhin gelesen haben. Wir hoffen, dass Sie vieles angesprochen, berührt und inspiriert hat. Vielleicht haben Sie jetzt Lust, das ein oder andere tatsächlich auszuprobieren und sich als Gewohnheit im Alltag anzueignen. Alles hier Beschriebene dient dem Zweck, Stress zu reduzieren und Wohlbefinden wiederherzustellen. Das Wohlbefinden bezieht sich dabei auf Körper, Geist und Seele. Egal, welches Instrument, welche Technik Sie anwenden, Sie werden einen Effekt auf allen Ebenen erzielen. Unser Körper, unser Denken, unsere Emotionen sind in vielschichtigen, komplexen Wechselwirkungen miteinander verbunden. Wollen Sie ein langes, gesundes und zufriedenes Leben erreichen, so können Sie diese Techniken einsetzen und auf allen Ebenen langfristig positive Wirkungen erzielen.

Lassen Sie uns unter diesen Voraussetzungen einen Blick in die Zukunft werfen. Angenommen, wir Menschen setzen uns als oberstes Ziel, Stress zu vermeiden, so viele

Ängste wie möglich zu überwinden und jeden Tag an uns zu arbeiten, um immer wieder diesen angenehmen Zustand von Entspannung und Zufriedenheit herzustellen. Was würde das für unser Miteinander bedeuten? Welche Veränderungen könnten wir damit

- in unseren Partnerschaften erreichen,
- in unseren Familien,
- am Arbeitsplatz,
- in unserer Wirtschaft,
- in unserer Gesellschaft,
- im Umgang mit anderen Kulturen,
- in unserem Umgang mit der Erde?

In all diesen Bereichen würde es uns gelingen, in ein gutes, konstruktives Miteinander zu kommen. Wir würden wertschätzend, liebevoll und unterstützend miteinander umgehen. Rücksichtslosigkeit, Egoismus und Ausbeutung auf allen Ebenen könnten verschwinden. Das Durchsetzen eigener Interessen auf Kosten eines anderen Lebewesens oder der Erde würde überflüssig. Das Streben nach Macht, um eigene defizitäre Mangelzustände auszugleichen, würde unnötig werden.

Für Partnerschaften würde das bedeuten, dass wir uns gegenseitig unterstützen und miteinander wachsen könnten. Liebevolle Nähe könnte immer wieder hergestellt und langfristig erlebt werden.

In den Familien würde diese liebevolle Atmosphäre gelebt werden können. Für die Erziehung unserer Kinder würde das bedeuten, dass die Kinder angstfrei, geschützt und behütet aufwachsen können.

Am Arbeitsplatz würden wieder menschlichere Bedingungen geschaffen. Das Arbeiten wird wieder mit Sinn und Freude gestaltet werden können. Unmenschliche, sinnlose und ausbeuterische Prozesse würden abgeschafft. Mehr

Selbstbestimmung und Selbstverantwortung könnten in die Arbeitsprozesse fließen. Damit werden mehr Motivation und Leistungsbereitschaft geschaffen. Problemlösungen werden selbstverständlich. Kreatives Denken und Handeln wäre möglich. Das würde dazu führen, dass die momentanen Probleme, wie z. B. das Energieproblem, die Klimaveränderungen etc., aktiv angegangen und gelöst werden.

Für die Wirtschaft würde das bedeuten, dass die Maxime, Wachstum zu jedem Preis, abgeschafft werden kann. Innovative Produkte, sinnvolle Erzeugnisse, für die Menschen wertvolle Artikel, die nachhaltig, umweltschonend, natürlich hergestellt werden, kämen auf den Markt. Blindes Konsumieren würde überflüssig. Nicht billig wäre wichtig, sondern wertvoll. Diese neuen Normen und Werte könnten die Wirtschaft in einen soliden und beständigen Zustand führen.

Auch in unserer Gesellschaft kämen Werte wie Toleranz, Respekt und Wertschätzung zum Tragen. Wir ziehen uns nicht mehr so viel und oft in unsere 4 Wände zurück. Wir kämen aus unseren Schneckenhäusern heraus. Gemeinsame Projekte, gegenseitige Unterstützung, Nachbarschaftshilfe, das Interesse am anderen, all dies würde wieder in den Vordergrund gerückt. Auch hier würden wir wieder die Probleme in die Hand nehmen, statt darauf zu warten, dass die Politiker oder irgendwer irgendwann uns die Lösungen präsentieren. Mit Selbstverantwortung und Selbstbestimmung würden wir uns z. B. um Probleme im Schulwesen oder in der Bildung, in der Gesundheitspolitik, in allen Belangen der Öffentlichkeit kümmern.

Verschiedene Kulturen, egal ob im Inland oder im Ausland, würden wir nicht mehr als Bedrohung, als Feinde betrachten. Wir könnten ihnen mit Neugier und Interesse begegnen. Es könnte ein Austausch auf Augenhöhe stattfinden, von dem jeder profitiert. Spaltung, Abgrenzung und Ausgrenzung würden überflüssig.

Im Umgang mit der Erde, mit den Ressourcen der Erde würden wir in der Lage sein, auch hier auf Ausbeutung und Zerstörung zu verzichten. Wir könnten langfristig und nachhaltig handeln, langfristige Konsequenzen unseres Handelns bei unseren Entscheidungen berücksichtigen und nur das veranlassen und umsetzen, was der Erde und damit auch uns Menschen zum Vorteil dient. Wir würden ganz selbstverständlich die Bedürfnisse der Natur mehr und mehr berücksichtigen. Wir würden wieder erkennen, dass wir ein Teil der Natur sind und zurück zu unserem natürlichen Ich finden.

Unser natürliches Ich zeichnet sich dadurch aus, dass wir voller Kraft und Energie sind, lernfähig, intelligent und kreativ, glücklich und zufrieden, gesund und voller Freude. Wir fühlen uns sicher und geschützt, im guten Miteinander mit unserem Nächsten und verfügen über ein hohes Maß an Anpassungsfähigkeit. Das heißt, wir sind in der Lage, uns immer wieder an herausfordernde oder schwierige Gegebenheiten anzupassen, einzustellen und Lösungen zu entwickeln. Ein riesiges Potenzial mit enormen Ressourcen steht uns zur Verfügung, um die Probleme dieser Zeit zu lösen. Der Zugang zu diesem Potenzial ist uns allerdings verwehrt, wenn wir uns zu oft und zu viel in einem Zustand der Angst befinden.

Lasst uns gemeinsam den Mut aufbringen, unsere Ängste zu überwinden, die uns daran hindern, unser wahres Potenzial zu entfalten. Angst hält uns davon ab, offen aufeinander zuzugehen, ehrliche Beziehungen zu führen und eine Gesellschaft aufzubauen, in der wir uns alle sicher und geborgen fühlen können.

Wir alle tragen bereits die notwendigen Fähigkeiten in uns, um ein Leben zu gestalten, das von Menschlichkeit, gegenseitiger Wertschätzung und wirklicher Nähe geprägt ist. Dieses Leben kann jedoch nicht von außen vorgeschrieben oder durch Gesetze erzwungen werden – es entsteht aus unserer persönlichen Entscheidung heraus. Jeder Einzelne von uns ist dazu in der Lage und aufgerufen, diesen ersten Schritt in Richtung Veränderung zu gehen.

Indem wir bewusst unsere Ängste hinterfragen, uns ihnen stellen und sie Schritt für Schritt überwinden, schaffen wir Raum für tiefere und authentischere Beziehungen. Diese Nähe, die wir dadurch zulassen, ist der Schlüssel zu einer Welt, in der Vertrauen und Gemeinschaft selbstverständlich sind.

Warum sollten wir noch länger warten? Jeder von uns kann heute beginnen, seinen Beitrag dazu zu leisten, diese Vision Wirklichkeit werden zu lassen.

Viel Freude und Erfolg auf diesem spannenden Weg!

 springer.co

Rainer Sachse · Annelen Collatz

Spaß an der Arbeit trotz Chef

Persönlichkeitsstile verstehen, Kommunikation erfolgreich und gesund mitgestalten

Jetzt im Springer-Shop bestellen:
springer.com/978-3-662-46750-3

GPSR Compliance
The European Union's (EU) General Product Safety Regulation (GPSR) is a set of rules that requires consumer products to be safe and our obligations to ensure this.

If you have any concerns about our products, you can contact us on

ProductSafety@springernature.com

In case Publisher is established outside the EU, the EU authorized representative is:

Springer Nature Customer Service Center GmbH
Europaplatz 3
69115 Heidelberg, Germany

www.ingramcontent.com/pod-product-compliance
Lightning Source LLC
LaVergne TN
LVHW020347260326
834688LV00045B/1582